JEAN HENNESSY

DÉPUTÉ

RÉGIONS DE FRANCE

(1911 - 1916)

GEORGES CRÈS ET C^io, ÉDITEURS

PARIS
116, Bd Saint-Germain.

ZURICH
7, Rämistrasse.

MCMXVI

Quatrième édition.

RÉGIONS DE FRANCE

(1911-1916)

JEAN HENNESSY

DÉPUTÉ

RÉGIONS DE FRANCE

(1911 - 1916)

GEORGES CRÈS ET Cⁱᵉ, ÉDITEURS

PARIS
116, Bd Saint-Germain.

ZURICH
7, Rämistrasse.

MCMXVI

PRÉFACE

Ce livre réunit des articles et des discours écrits ou prononcés pour étudier et propager les idées directrices qui se rattachent à l'organisation des Régions de France et à la représentation de leurs intérêts économiques.

Au moment où leur réalisation est prochaine, au moment où, sous la pression de la plus immense des guerres, des transformations complètes, dans la vie sociale, dans les rapports des citoyens et de l'État et des États entre eux, préparent, dans un monde nouveau, une France régénérée, j'ai cru opportun de les grouper en un seul volume.

Depuis 1911, ma pensée n'a pas varié, mais elle s'est précisée et affirmée par un examen approfondi des multiples aspects sous lesquels je l'ai envisagée pour la rendre plus sensible.

Après, avec tant d'autres, dont les appels lointains ou proches résonnent en des échos retentissants et unis, dont la plume ou l'éloquence

1

ont illuminé de fulgurantes lueurs les horizons nouveaux qui se découvrent devant les peuples dans la progression de leur marche continue, régionalistes précurseurs, venus de toutes nos terres de France pour se presser en une forte phalange, Louis Xavier de Ricard, Le Play, Auguste Comte, René Goblet, Marin et toute l'école de Nancy, Languinais, Paulin Limayrac, Lavisse, Vidal de la Blache, Louis Martin, Barrès, Maffre de Baugé, Maurice Faure et Turrel Siegfried, Ribot, Paul Boncour, Maurras, Cornudet, Beauquier, Charles Brun, Mistral, je me suis efforcé partout, à la Chambre, dans des congrès, dans la presse, de déterminer l'opinion publique à étudier les idées sur lesquelles se fonde notre société future :

La progression de notre population, l'établissement de nos industries, le progrès de notre agriculture, la facilité de nos communications et de nos échanges interprovinciaux, source de richesse intérieure, l'extension de notre commerce extérieur, le développement de notre force financière, l'accroissement et l'assainissement de nos centres urbains, la création de notre outillage national, le relèvement de notre marine, le perfectionnement de notre enseignement, l'union de nos classes, la représentation de leurs intérêts complexes, notre défense contre les entreprises des capitaux étrangers, la constitution de notre vie collective, enfin la libération de nos grands intérêts nationaux, de toutes les entraves engendrées par la centralisation résulteront de leur application.

Par la création de régions administratives, par la représentation des intérêts économiques régionaux, basés sur l'organisation rationnelle du suffrage universel, au souffle puissant, sans cesse renouvelé, la République française, dans son unité, admirée et respectée de tous, donnera au monde le vivant exemple d'un grand État, transformant ses institutions vieillies, pour rechercher un parfait équilibre de ses parties et s'adapter aux conditions sociales et économiques des temps nouveaux.

A l'œuvre de demain, faite par tous, je dédie ce livre, témoignage de mes efforts passés.

JEAN HENNESSY.

PREMIÈRE PARTIE

RÉUNIONS & CONGRÈS

I

LA RÉGION ET LA REPRÉSENTATION
DES INTÉRÊTS ÉCONOMIQUES

LA RÉGION ET LA REPRÉSENTATION
PROFESSIONNELLE [1].

I

Messieurs,

Je désire vous remercier de l'honneur que vous m'avez fait en m'invitant à assister à votre Congrès et à participer au banquet qui le clôt si heureusement. J'en suis d'autant plus satisfait que j'ai pris aujourd'hui une excellente et profitable leçon. La diversité des questions que vous avez abordées, la compétence si complète que vous avez montrée en les discutant en sont la cause. J'ai admiré en votre langage la netteté de l'exposition, la clarté de la phrase, et cette faculté, si

[1]. Discours prononcé le 18 juin 1911, à Barbezieux, au banquet de clôture du Congrès des Groupes commerciaux des Charentes et du Poitou.

développée chez vous, qui vous permet de traiter en
phrases précises des sujets précis. L'ordre n'a cessé de
régner dans votre assemblée : si parfois une discussion un peu vive naissait, votre Président savait trouver le moment opportun, sans avoir à l'agiter, pour
saisir sa sonnette, et le calme renaissait aussitôt. Ce
sont là, je vous l'assure, des choses qu'un parlementaire n'oublie pas.

Beaucoup d'entre vous savent, Messieurs, quel
ardent partisan je suis de l'organisation syndicale et
professionnelle. Je n'ai cessé, dans cet arrondissement, d'y consacrer mon temps et mes efforts. Si je
me suis, en particulier, adressé aux agriculteurs, leur
expliquant quels avantages ils pouvaient retirer du
groupement syndical, pour l'amélioration de la culture de leurs terres, la défense de leurs intérêts généraux, c'est que j'avais constaté que de latentes aspirations nécessitaient quelque encouragement pour se
déterminer à l'action. Les commerçants avaient depuis
trop longtemps déjà répondu aux pressants appels de
ceux des leurs qui leur avaient montré la nécessité de
l'union syndicale, pour qu'il fût utile de chercher à
provoquer parmi eux un mouvement analogue. L'activité, la souplesse, les qualités du groupement que
vous avez créé éclatent dans la réunion d'aujourd'hui
aux yeux de tous. A ceux qui sont passés maîtres il
ne convient pas de prodiguer des conseils.

Permettez-moi cependant, Messieurs, puisqu'il m'est
donné de parler au milieu de vous ce soir, de vous
entretenir quelques instants du rôle, qu'à mon sens,
les groupements professionnels doivent exercer dans
la formation du régionalisme et dans sa représentation autonome. Si notre beau pays de France semble
parfois souffrir, dans son intime vie sociale, d'un

malaise général, c'est que nous assistons à la double évolution de forces contraires qui luttent entre elles : d'une part, l'étatisme appuyé sur la centralisation à outrance, legs des régimes disparus, accru par l'évolution économique et l'intense développement de la capitale ; de l'autre le syndicalisme, groupant les individus, jadis isolés, qui, pour atteindre à sa plénitude, doit diriger et tourner à son profit le mouvement régionaliste.

S'il grandit, c'est que lui seul peut s'opposer à l'absorption de toutes les forces vives de la nation par sa capitale [1]. Un corps ne peut vivre quand la tête seule se développe. Pour résister à l'attraction trop grande de Paris, dans toutes les régions de France les forces intellectuelles, scientifiques, artistiques s'organisent, mais le groupement des intérêts économiques régionaux, préalablement agglomérés par les liens professionnels, réduira seul l'opposition trop vive et déterminera l'équilibre dans le pays.

Sont-ce les vieilles régions de France qui revivent

---

1. La vie provinciale d'autrefois était enfermée dans un étroit horizon de clochers ; le localisme était sa règle. Nous proclamons, au contraire, la nécessité d'une concentration économique et d'une solidarité de plus en plus étroite entre les diverses régions. Que les romanciers se rassurent et n'en craignent pas l'effet sur la physionomie de notre pays. Il y aura toujours, suivant l'expression d'un grand géographe, autant de variété dans la psychologie que dans la géographie de la France. Aux types d'autrefois résultant d'un complexe de conditions historiques et naturelles, succéderont des types nouveaux résultant avant tout des conditions économiques. La France de demain sera tout aussi riche en espèces sociales que celle d'autrefois ; mais à l'encontre des diversités anciennes, c'est-à-dire des provinces qui, de par leur essence même, étaient à tendances centrifuges, les diversités nouvelles, c'est-à-dire les régions, se fonderont harmonieusement dans l'unité française. (Discours de M. THIAL, Toulouse, 1ᵉʳ février 1914.)

ou de nouvelles régions se créent-elles ? Je crois que la seconde hypothèse est la vraie.

Depuis la Gaule antique, une certaine prédominance des régions formées par les autochtones subsiste, les préfectures romaines les adoptèrent, les évêchés des premiers chrétiens se superposèrent aux préfectures, plus tard la division en provinces prévalut. L'histoire nous apprend que leurs limites furent instables.

La rude nécessité de la vie guerrière, l'impérieuse loi qui contraignit la noblesse féodale à toujours combattre pour maintenir sa suzeraineté, modifia sans cesse l'extension des comtés et des duchés, non selon les tendances des peuples, mais pour mieux asseoir la puissance des chefs. A l'heure actuelle, c'est par le peuple lui-même que la région se forme en des cadres nouveaux. Certes, certaines régions ont conservé leurs appellations historiques. La Normandie, qui célèbre à Rouen son millénaire et convoque sur les rives de la Seine les représentants de la race dont elle est issue, ou de celles qu'elle forma, s'est transformée et adaptée assez au temps nouveau pour revivre tout entière en conservant le nom de son passé. La Provence se lève encore unanime pour applaudir les rimes métalliques dont Mistral fait résonner ses vers sonores, et la Bretagne qui, non conquise, se donna à la France, conserve au cœur de tout Breton l'indépendance d'une même race. Mais c'est surtout autour des villes qui s'accroissent, des régions nouvelles qui se créent. Vous avez remarqué que si l'on projette ensemble quelques pierres sur le miroir d'une eau tranquille, il se couvre de cercles concentriques qui se fondent les uns dans les autres dans leur extension progressive. Il en est de même de la puissance rayonnante des villes, elles exercent autour d'elles une influence excentrique qui ne trouve de limite que dans l'action semblable de quelques villes rivales.

Chaque région de France se développe aujourd'hui dans l'ombre croissante de la ville qui la symbolise.

C'est Lille, entourée d'un travail intense, où le sol seul ne tente pas le labeur de l'homme qui descend puiser au fond des galeries souterraines le charbon nécessaire à son activité. Nancy, qui groupe autour d'elle les forêts et les mines. Grenoble, dont les montagnes environnantes distillent sous les rayons du soleil les chutes d'eau tapageuses et profondes dont la force se recueille sur des fils d'acier. Marseille, qui, pour accroître la vitalité de son port et augmenter son trafic, développe tout le pays qui l'environne. Montpellier, dont le nom évoque des plaines et des coteaux tout entiers couverts de pampres et de raisins. Toulouse, qui, autour de son vieux Capitole, groupe tout le haut bassin de la Garonne. Bordeaux, dont l'influence s'étend non seulement sur ses vignobles réputés mais aussi, plus au sud, sur les landes et les pinières. Nantes, qui termine l'immense cours de la Loire et porte ses regards vers les côtes populeuses de l'Amérique. La Rochelle, dont toute l'histoire revit encore dans ses murailles aux pans coupés, dans son vieux port toujours orné des tours célèbres par les assauts auxquels elles résistèrent, dans sa Maison de ville que décora le moyen âge et la Renaissance et qui, cependant, prépare tout contre elle, à La Pallice, pour les besoins nouveaux des jeunes Charentes et du vieux Poitou, dont en fondant votre groupement vous avez, Messieurs, les premiers, je crois, démontré la cohésion, un port très moderne et assez profond pour recevoir les plus vastes navires qui voudront aborder sur nos côtes.

Ainsi, autour des villes actives, les nouvelles régions se forment insoucieuses des antiques provinces [1], brisant le cadre étroit des départements administratifs. Leurs intérêts connexes nécessitent une représentation autonome. Je souhaite, Messieurs, qu'elle soit professionnelle. C'est à vous qu'il appartient d'en étudier la formation. Il convient de décharger le Parlement actuel de la besogne trop délicate pour lui de légiférer avec le souci de protéger des intérêts particuliers. Son rôle est plus élevé : il lui appartient de maintenir l'unité de la nation. Ayant accordé par des lois la liberté syndicale, il doit la laisser librement évoluer. A vous, Messieurs, de la mettre en œuvre et de renforcer votre action syndicale par la représentation régionale professionnelle. Mais que la profession comprenne tous ceux qui la font prospérer, les employeurs comme les employés. Que les agriculteurs, les commerçants, les industriels, les adeptes des professions libérales soient représentés dans chaque région selon des règlements que vous aurez à déterminer dans vos Congrès. La sauvegarde de votre liberté, la lutte nécessaire pour vous contre l'étatisme et la centralisation déprimante est à ce prix.

1. La Province elle-même n'était qu'un cadre factice... (Cf. Introduction au 1er vol., *les Poètes du Terroir*, par AD. VAN BEVER, Delagrave, Paris, 1910. — Cf. ARMAND BRETTE, *les Limites et les divisions territoriales de la France en 1789*. Cornély, Paris, 1907, in-8.)

II

Messieurs [1],

Vous avez conscience de vos qualités, et vos ambitions s'agrandissent. Vous n'avez pas seulement le désir d'étudier de très près vos intérêts et d'influer par vos conseils sur ceux qui gouvernent ou légifèrent. Mais en vous s'accroît la volonté d'exercer sur la direction de vos intérêts particuliers une légitime part d'autorité.

Vous éprouvez le besoin de vous gouverner vous-mêmes comme autrefois vos pères l'ont ressenti, quand ils entreprirent, au moyen âge, ligués avec le pouvoir royal, de conquérir sur la suzeraineté féodale les franchises des villes bourgeoises et d'émanciper les populations rurales.

Ils y parvinrent en partie, mais le pouvoir central, leur allié, fut leur véritable vainqueur. Après la tourmente révolutionnaire, Napoléon compléta sans peine l'œuvre de centralisation royale dans une nation où l'individu demeurait isolé devant l'État sur un sol arbitrairement découpé en circonscriptions administra-

1. Discours prononcé à Poitiers, le 16 juin 1912, au banquet de clôture des Groupes commerciaux et industriels des Charentes et du Poitou. À un an de date on peut mesurer entre ce discours et le précédent le chemin parcouru.

tives, géométriquement divisé comme une ruche, sans souci de l'histoire humaine dont il demeurait imprégné.

Par l'établissement du suffrage universel vous n'avez pas reconquis le pouvoir de vous gouverner ; la suzeraineté nationale ne fait que déplacer la source d'autorité, et l'action gouvernementale, centralisée et oppressive, demeure la même.

Vous vous préparez à le reconquérir, cependant, à mesure que, répondant à l'appel qui vous fut adressé par des précurseurs, vous développez la vie corporative, et que, en vous fréquentant dans la corporation, vous ressuscitez la solidarité régionale étayant solidement les deux piliers sur lesquels repose votre vie sociale, la corporation et la région.

Vous obtiendrez d'autant plus aisément le droit de vous gouverner vous-mêmes que vous êtes plus aptes à l'exercer : depuis le milieu du siècle dernier, vos capacités se sont accrues par l'instruction dont tous aujourd'hui peuvent bénéficier ; vous pouvez hautement prétendre à une extension de vos libertés : la connaissance de vos affaires personnelles donne à vos idées générales un point d'appui solide, et vous permet de porter avec sûreté des jugements d'ensemble.

Vous devez éprouver une satisfaction très grande à voir les idées qui sont les vôtres se compléter, s'accroître et se réaliser. Sur le développement de l'esprit corporatif je ne m'étendrai pas aujourd'hui. Travaillez-y sans cesse, et surtout n'oubliez pas que la corporation doit grouper étroitement les deux éléments de travail : les maîtres et les ouvriers, sans créer entre eux une redoutable division. Mais l'idée de la région a, depuis que j'ai eu l'honneur de vous exposer, à Barbezieux, les effets qu'on en pourrait attendre, progressé par bonds si rapides que je voudrais encore aujourd'hui insister sur elle.

Depuis qu'elle a été élue, la Chambre a entrepris une louable besogne, la plus ardue de toutes : elle veut se réformer elle-même et changer son mode d'élection. Elle comprend qu'entre elle et le pays existe un désaccord, et pour mieux le représenter, veut devenir une expression plus fidèle des partis, comme pour élargir l'esprit des élus elle veut aussi convoquer les électeurs à voter dans des circonscriptions plus étendues.

Par là elle cède au mouvement régionaliste, et le premier projet, imparfait sans doute, mais conquis pied à pied malgré la résistance acharnée de ses adversaires, admit pour la répartition des restes l'attribution de sièges régionaux : ce fut là une première conquête.

Le Gouvernement, dans le projet nouveau qu'il apporte et sur lequel il n'hésite pas à engager sa responsabilité, révélant ainsi l'intelligence et la clairvoyance des hommes qui le composent, cède à la loi des nombres. Il admet que la R. P. des partis ne peut équitablement s'établir que dans des circonscriptions devant élire au moins huit députés, c'est-à-dire environ le double du nombre des partis. Pour les obtenir, il groupe ensemble deux ou plusieurs départements.

Pour le régionalisme, c'est une seconde victoire plus importante que la première.

Sans doute, la région n'est pas légalement constituée ; le projet gouvernemental groupe des départements qui ne sont limitrophes que sur de petites étendues et constituent fréquemment des bandes trop allongées du Nord au Sud ; il unit dans une même circonscription des électeurs n'ayant pas d'affinités régionales. Mais la vieille carte administrative de France tombe en lambeaux : déjà le sentiment régional s'affirme de tous côtés avec vigueur; la France provinciale, étouffée jusqu'ici par sa capitale, sort de son engourdissement et commence à reprendre conscience d'elle-même. Les députés de Basse-Normandie ont réclamé pour cette antique région le droit à l'existence ; bien que la nôtre, telle que l'ont constituée vos groupements, ne corresponde pas dans son ensemble à une de nos anciennes provinces, plusieurs de vos députés ont cependant proclamé son droit à être reconnue.

Mais les efforts des députés ne sont pas suffisants ; c'est vous-mêmes, Messieurs, qui devez agir par vos actes, par vos paroles, par votre propagande ; vous devez, sans tarder, peser sur les esprits avant le vote de la loi électorale, les convaincre et créer en faveur de la circonscription régionale un de ces vastes mouvements d'opinion auxquels ni les parlements, ni le Gouvernement ne résistent.

Et vous devez d'autant plus agir pour obtenir immédiatement la formation de la région, que, si elle est constituée, vous pourrez accéder plus aisément à la représentation directe de vos intérêts corporatifs. Une réforme en entraîne une autre et détermine de rapides modifications. La région ne doit pas être un département agrandi, une amplification de la représentation et de l'administration actuelle du département, mais refléter les conceptions politiques nouvelles et la nouvelle manière de sentir.[1]

---

1. « Ce qu'il importe d'affirmer, de justifier, de faire adopter par l'opinion publique immédiatement, c'est le principe de la région. »

« La plus vaste des régions nouvelles ne donnera pas autant de

Les électeurs des membres de l'assemblée régionale ne devront pas tenir leurs droits électifs de l'âge ou du sexe, mais les habitants de la région, groupés selon leurs occupations professionnelles, désigneront, pour les représenter, quelques-uns d'entre eux.

La région aura donc à sa tête une assemblée corporative, image plus fidèle de ceux qui travaillent, commerçants, agriculteurs, ouvriers et patrons d'industrie, membres des professions libérales. Voilà où doivent tendre vos efforts, créer la région et profiter de la région pour créer la représentation corporative. Et je voudrais, tant ces aspirations me semblent justifiées pour développer la vie économique du pays, que vous ajoutiez à la discussion des questions de détail prévues pour votre prochain congrès l'étude de l'assemblée régionale corporative ; que vous convoquiez les agriculteurs à la discuter avec vous, et que tous ensemble vous vous efforciez de définir l'assemblée qui doit être la vôtre, laissant au Parlement le soin de discuter les intérêts généraux du pays.

En agissant ainsi, vous ne risquez pas de diminuer l'idée de patrie, ni de détruire le sentiment national. Certains le prétendent, mais l'histoire leur répond victorieusement : l'idée de patrie se forma dans la France alors qu'elle était divisée en provinces. L'amour du lieu natal, de la région où l'on vit, précède et pré-

besogne à ses administrateurs qu'un département de 1816 ; mais elle rapprochera des intérêts et des efforts qui doivent demeurer solidaires ; elle offrira aux activités, aux intelligences, aux ambitions, aux capitaux, des emplois capables de les retenir sur place et d'arrêter l'exode vers Paris ; elle réveillera l'esprit civique, les traditions locales, la vénération du passé, tout ce qui fortifie le patriotisme. »

« Elle ressuscitera la France des vieux-français, la vraie France, que n'avaient pas infectée les alluvions suspectes. » URBAIN GOHIER. (*Soleil du Midi*, 5 avril 1916.)

pare l'amour de la patrie. La possibilité de se gouverner soi-même, de jouir d'une liberté plus grande, accroît l'attachement qu'on lui porte.

Les fils de la France divisée en régions n'auront ni moins de courage, ni moins d'ardeur: ils seront toujours prêts à verser leur sang pour elle et à s'imposer par leur héroïsme à l'admiration de tous les peuples.

La légende grecque nous rapporte que sur la route de Thèbes vivait un animal fabuleux : on l'appelait le Sphinx. Il avait le corps d'une bête, garni d'ailes, son visage était semblable à celui d'une femme, son regard était étrange, de loin il semblait se poser sur vous, mais à mesure que l'on se rapprochait on remarquait que sa prunelle était fixée sur le lointain des horizons incertains ou sur l'au-delà que seule la prescience peut faire connaître.

Au-dessus de l'antre qui lui servait de demeure étaient gravés ces mots : « Devine ou je te dévore. » Prudhon les a repris pour les placer en exergue d'un de ses livres. Laissez-moi, Messieurs, vous les répéter à nouveau : « Devinez ou vous serez dévorés. »

Si vous, qui êtes les éléments agissants du pays, qui représentez sa force de travail et de production, vous ne vous préoccupez pas de l'avenir qui s'ouvre, si ne vous ne vous efforcez pas de l'organiser selon les règles de la justice, de la liberté et de l'équité, d'autres viendront qui auront mieux su prévoir et vous dévoreront comme le Sphinx dévorait ceux qui ne pouvaient découvrir ses énigmes.

Mais le temps presse : dans notre siècle actif l'évolution se précipite de toute la vitesse que le machinisme moderne imprime au corps qu'il actionne.

Le temps n'est plus où la barque fendait l'eau au gré des souffles qui ridaient la surface de la mer, fuyait s'il le fallait en dehors de sa route les jours de tempête, et s'éclairait dans les passes difficiles, tant sa vitesse était réduite, par le seul regard de l'homme placé en vigie. Aujourd'hui, coûte que coûte il faut que le navire arrive, il porte dans ses flancs les machines puissantes qui lui assurent une marche toujours égale, et pour découvrir au loin les récifs dangereux, le capitaine doit, dans la nuit obscure, projeter loin devant lui les lumineux rayons des projecteurs électriques. Je voudrais, Messieurs, vous qui possédez la force et l'autorité nécessaire, — vous me l'avez témoigné aujourd'hui, — que vous projetiez vers l'avenir la clarté lumineuse de votre intelligence, afin de découvrir dans la nuit, dont je suis impuissant à écarter pour vous tous les voiles, quels sont les récifs que vous devez éviter et la passe où il vous convient de vous engager pour arriver plus sûrement au port que, ce soir, je vous ai peut-être fait entrevoir.

LES ÉLECTIONS PROFESSIONNELLES ET LE CHOIX DES COMPÉTENCES [1]

I

MESSIEURS,

Avant de commencer l'étude de la question qui vous est soumise aujourd'hui : « Comment organiser la Représentation professionnelle dans la région ? », permettez-moi de préciser certains points sur lesquels je désire appeler votre attention, et de rechercher avec vous les bases solides d'une bonne discussion.

Votre Comité a jugé nécessaire de proposer l'étude de cette question avant celles qui, logiquement, semblaient réclamer une discussion préalable, parce qu'il considère que la division de la France en régions demeurerait purement une œuvre administrative et gouvernementale si les populations provinciales n'obtenaient pas simultanément une plus grande autonomie et un mode de représentation répondant, mieux que celui en usage, aux nécessités économiques, conditions de notre prospérité.

Mais nous sommes avant tout préoccupés d'aboutir. Si l'organisation professionnelle, qui seule peut per-

---

1. Discours prononcé à La Rochelle le 27 octobre 1912.

mettre de réaliser une représentation professionnelle intégrale, nous apparaît encore trop lointaine, nous n'hésiterons pas à rechercher ensemble les mesures propres à faciliter tout au moins l'accession de l'assemblée régionale aux représentants qualifiés des grandes catégories professionnelles de la région.

Dans la transformation que nous envisageons, la Région doit être une circonscription administrative, judiciaire, universitaire, plus vaste que le département actuel, groupant dans une formation nouvelle les arrondissements dont l'unité ne serait pas détruite. Sa vie économique se développerait librement selon la situation et la constitution de son sol, et sous l'influence de l'organisation professionnelle : celle-ci prêterait à ses membres, en toutes circonstances, l'appui de la profession, se préoccuperait de trouver de nouveaux adhérents, de former de jeunes apprentis, allégeant ainsi les charges et la responsabilité de l'État.

Mais pour maintenir, ce qui est essentiel, l'unité nationale, il faut que la région demeure dans une étroite dépendance du pouvoir central : un représentant du pouvoir central devra résider dans la région ; ses pouvoirs devront être légalement définis, comme le sont ceux des préfets actuels, les conditions de ses rapports avec l'assemblée régionale devront être précisées par la loi, comme le sont ceux des préfets avec les conseils généraux.

L'autonomie des communes qui composent la région devra être accrue, afin qu'elles aussi profitent de l'extension générale des libertés et que leurs habitants puissent, dans une indépendance plus grande, administrer leurs intérêts particuliers; et il faudra encore, dans un esprit très large, définir les rapports des communes avec l'autorité centrale ou ses représentants dans la région, et régler les rapports des pouvoirs communaux avec les pouvoirs régionaux.

Vous saisissez immédiatement, Messieurs, l'importance de cette transformation et l'influence qu'elle exercera sur l'esprit de ceux qui sont chargés d'administrer le pays. Tant d'hommes distingués, auxquels le gouvernement de la République confie le soin de le représenter et désigne comme ses préfets, donneraient mieux la pleine mesure de leurs talents, si leur action pouvait s'étendre sur un plus vaste territoire. Eux, que leur intelligence met à même d'assurer le développement intellectuel, artistique, social, économique, de toute une région, se trouvent paralysés dans un département : des services trop minutieux et trop nombreux absorbent leur temps; s'ils s'y dérobent, l'autorité se trouve déplacée et exercée par les employés de leurs bureaux.

Résidant près de leurs administrés, ils ne peuvent se défendre d'entendre l'écho des plus mesquines querelles, trop voisines d'eux, et s'affranchissent avec peine des informateurs semi-occultes de village, dont l'organisation les a précédés et subsistera après eux.

Leur vie sociale même doit se plier aux exigences des partis et des pressions politiques. Ils exercent de leur mieux les pouvoirs qui leur sont confiés, administrent le plus consciencieusement du monde, mais trop souvent entraînés vers l'action politique qu'ils se proposent ou qui leur est imposée, ils croient parfois avoir satisfait presque tous leurs devoirs quand ils ont assuré une représentation populaire en parfaite conformité de vue avec l'opinion publique qui prévaut, au moment des élections, dans les sphères les plus influentes du pays.

Ils ne peuvent, dans un cadre devenu aujourd'hui

trop étroit, ligottés dans les coutumes et les traditions administratives créées par les régimes centralisateurs, qui ont précédé notre République, donner la
pleine mesure de leur talent, et devenir les instiga-
teurs de la rénovation de toutes les activités provinciales. Les mêmes hommes, à la tête d'une région,
exerceraient une action féconde, lui apporteraient à
la fois le soutien du pouvoir central, l'unité de vue et
l'équité gouvernementale, tout en imprimant autour
d'eux, à cause de leur influence agrandie, l'élan nécessaire pour répondre aux légitimes aspirations des populations provinciales.

Mais, pour que leur action soit féconde, il faut que
les délégués de l'administration centrale collaborent
avec les délégués des habitants de la région, les membres de l'assemblée régionale que nous voulons professionnelle. Comment organiser cette assemblée, lui
donner un caractère professionnel, c'est-à-dire en
faire l'émanation aussi complète que possible des
diverses professions qui créent la prospérité de la
région? Voilà ce qu'il convient d'étudier.

Pouvons-nous établir une Représentation professionnelle véritable, ou, si dans l'état actuel des esprits
elle paraît difficile à réaliser, devons-nous nous contenter de faciliter l'accession de l'assemblée régionale
à des hommes ayant, outre leurs conceptions politiques, des qualités professionnelles reconnues, et admis à y siéger à la fois à cause de ces conceptions et
de ces qualités?

La Représentation professionnelle véritable suppose
l'organisation de la profession, c'est-à-dire la constitution de corps professionnels comprenant tous les
éléments de la profession. D'ordinaire, chaque profession comporte deux éléments distincts : les em-

ployeurs et les employés, ou, si vous le préférez, les patrons et les ouvriers. Il est juste que les uns et les autres soient représentés. Un accord préalable entre eux est donc nécessaire pour fixer leurs droits respectifs.

Mais il y a plus, la Représentation professionnelle suppose également l'évaluation des droits respectifs de chaque profession à la représentation régionale. Cette évaluation ne doit pas se faire d'après le nombre des individus compris dans chaque profession, mais d'après une estimation forcément arbitraire des services rendus par chacune d'entre elles dans la région... Cette estimation ne peut être faite ni légalement, ni mathématiquement, mais devrait résulter dans chaque région, de la libre discussion des parties. C'est là, il me semble, le point délicat. Cette discussion suppose une organisation professionnelle que nous n'avons pas et que nous ne pouvons prétendre avoir prochainement. Des lois ne peuvent la créer d'une seule pièce, tout un siècle d'individualisme lutte contre elle. Le syndicalisme, encore jeune, traverse sa crise de croissance et divise, plutôt qu'il ne groupe, les divers éléments de la profession.

Je ne dis pas que cette forme de Représentation professionnelle ne sera pas celle de l'avenir ; elle peut être la plus équitable, mais il faut auparavant que la profession s'organise librement et complètement, sous la poussée des circonstances et sous l'influence de la loi naturelle qui tend à grouper tous ceux qui participent au même travail. Alors, chaque corps professionnel mesurant ses revendications, dans la direction des affaires régionales, à l'importance des services rendus par lui dans la région, s'efforcera d'obtenir une part légitime pour les deux éléments qui le composent : les patrons et les ouvriers, dont il aura au préalable fixé lui-même les droits respectifs.

C'est l'œuvre de l'avenir. Bornons-nous aujourd'hui à rechercher si nous ne pouvons pas attirer l'attention des électeurs sur les qualités professionnelles des candidats.

Je crois que la chose est possible et je veux vous soumettre le système qui a paru le plus simple à votre Comité, pour y parvenir. Ce système suppose l'emploi du scrutin de liste : il respecte le principe du suffrage universel et la liberté de l'électeur, base de nos droits électifs. La seule différence avec le mode actuel consisterait à autoriser les électeurs qui ne voudraient pas se faire inscrire sur la liste générale à se grouper sur une liste professionnelle et, une fois inscrits sur cette liste, à les obliger à choisir leurs représentants parmi ceux des membres de cette liste qui se présenteraient à leurs suffrages.

Dans chaque région, de grandes listes professionnelles seraient constituées : celle des agriculteurs : propriétaires, fermiers, métayers, journaliers ; — celle des commerçants : patrons, employés ; — celle des industriels : patrons et ouvriers.

La quatrième engloberait les fonctionnaires et les membres des autres professions.

Enfin, les rares individus que ni leur vie présente, ni leur vie passée ne permet de rattacher à aucune profession, formeraient la cinquième liste sur laquelle, afin de respecter la liberté électorale, seraient inscrits, en outre, tous ceux des électeurs qui préféreraient rester confondus dans une liste générale plutôt que de figurer sur une liste professionnelle.

Au surplus, ces grandes listes professionnelles pourraient se subdiviser, si le nombre des électeurs ayant droit à figurer dans une de leurs subdivisions pouvait leur permettre de prétendre à un ou plusieurs sièges dans la représentation régionale.

Le nombre de sièges attribués à l'Assemblée régionale étant basé, comme cela est d'usage, sur le nombre des habitants, et les grandes listes professionnelles étant arrêtées comme je viens de le définir, il serait aisé de calculer le nombre de sièges qui reviendrait à chacune d'entre elles. Pour cela il suffirait de diviser le nombre total des électeurs inscrits par le nombre de sièges à pourvoir et de diviser, par le quotient ainsi obtenu, le nombre des électeurs de chaque liste professionnelle.

De plus, afin d'accroître l'esprit professionnel du corps électoral, je crois qu'il serait bon de donner des droits électifs égaux à ceux des hommes aux femmes qui, par leur genre de travail ou par les charges qu'elles ont assumées, ont acquis le droit légitime de participer au vote. L'ouvrière de l'atelier ou de l'usine, l'employée de bureau qui travaille comme l'homme, le même temps que lui, avec une activité égale et parfois une habileté plus grande, n'a-t-elle pas professionnellement des droits égaux à ceux de l'homme ? Et la veuve qui, résidant sur une ferme, exploite son bien tout en élevant ses enfants, n'a-t-elle pas professionnellement les mêmes droits électifs que le célibataire qui cultive sa terre dans l'égoïsme de sa vie solitaire ?

Ces questions se discutent à peine et, depuis longtemps, les commerçants les ont résolues lorsqu'ils ont attribué dans les élections consulaires, aux femmes qui paient patente, les mêmes droits électifs qu'aux hommes.

Ainsi, le système que nous vous proposons non seulement réunit selon leur profession les électeurs actuels, mais recherche, pour les leur adjoindre, tous les autres éléments professionnels.

Certes, ce ne serait pas là une représentation professionnelle complète, mais le principe d'un groupement professionnel existerait à la base de l'élection : les affinités de voisinage et de territoire ne seraient plus le seul lien entre les électeurs, le lien plus intime du travail les unirait au moment du vote et influerait sur le choix des candidats. Cette réforme peut être promptement adoptée. Comme j'ai déjà eu soin de vous le faire remarquer, ni la liberté électorale, ni le principe du suffrage universel ne seraient atteints, chaque électeur continuerait à disposer d'une voix égale à celle des autres, et le maintien de cette prérogative, — avant que n'apparaisse plus clairement aux yeux de tous la nécessité de ne plus sacrifier en toute occasion le mérite au nombre, mais de proportionner les droits électifs de la profession, comme des éléments qui la composent, à leur valeur réelle, — serait de nature à la rendre immédiatement acceptable et à réduire au silence tous ceux qui voudraient critiquer des évaluations difficiles à préciser.

Enfin, ni l'idée politique, ni le débat politique ne seraient exclus de la lutte électorale. J'estime, contrairement à l'opinion de beaucoup, qu'elle doit subsister et que, comme les différentes catégories professionnelles doivent être représentées dans la région, les opinions politiques diverses doivent l'être également : Ceux qui, satisfaits du présent, rebelles aux évolutions, s'imaginent que l'ordre ne peut être établi que par la durée, malgré les exemples constants de la rénovation des êtres et des choses ; ceux qui, attachés au passé, se plaisent, par un tour d'esprit familier, à n'en considérer que les aspects séduisants et voudraient faire rentrer dans le moule ancien la pensée des hommes et leurs institutions ; ceux qui, trop prompts à saisir les défauts des sociétés où ils vivent, décrivent avec une courageuse hardiesse les remèdes les plus osés, et s'efforcent d'apporter aux aspirations humaines inquiètes le rêve de leurs séduisantes théories ; ceux qui, enfin, ayant mesuré d'un œil plus froid, mais avec un cœur aussi généreux, les droits et les devoirs de chacun dans la société, instruits de l'évolution intellectuelle et économique de leur pays comme de celle du monde, savent allier les aspirations sociales légitimes aux nécessités de la réalité, et s'attachent à provoquer les réformes au moment même où elles se trouvent opportunes ; tous, quelles que soient leurs tendances, sont utiles pour contribuer au développement harmonieux de l'ordre social et, dans la progression continue d'une évolution, indispensables pour sonder les réformes de l'avenir aux coutumes du passé.

Les listes professionnelles constituées, dans chacune d'elles, les partis brigueront les suffrages, la lutte politique s'engagera ; les candidats, politiquement opposés quoique professionnellement semblables, défendront leur programme. Les opinions politiques des candidats continueront à être discutées par les électeurs, mais elles ne seront plus seules à déterminer leur choix ; les qualités professionnelles seront discutées aussi. C'est là, à mes yeux comme aux vôtres, Messieurs, j'en ai la conviction, une réforme qui devra entraîner dans la représentation du pays, dans son développement, dans les rapports mutuels de ses habitants, dans son essor et même dans son rôle mondial, de profondes modifications.

Je vous demande la permission d'insister : de tous

côtés on manifeste le désir de voir participer aux affaires publiques des hommes dont les qualités pratiques soient incontestables[1]. C'est dans le monde du travail qu'on les découvrira. Par habitude, leur opinion se forme lentement, mais sûrement. Rompus aux difficultés de la vie journalière, ils sont accoutumés, non à se contenter d'aperçus superficiels, mais à étayer leurs jugements sur des éléments examinés un à un dans une parfaite connaissance des détails ! Par le maniement des choses et des hommes, ils ont acquis le sentiment précis des possibilités, et leur expérience mûrie sait tracer de saines limites aux théories idéalistes, avant qu'elles ne viennent se heurter et se briser à la réalité des choses.

De tels hommes ont une valeur trop grande pour demeurer toujours à l'écart des affaires publiques. Si, effrayés par la violence des luttes politiques, ils s'en écartent ou craignent de distraire du temps nécessaire à leurs affaires privées celui qu'exigerait leur participation aux affaires publiques, il faut les y convier et, par un remaniement des listes électorales, les amener à prendre dans la représentation du pays la place que leur nombre et leurs capacités leur assignent.

Ils sont préparés et formés par une vie de travail : la ténacité de leurs efforts a développé tout autour d'eux, chez ceux qui les ont suivis dans leurs œuvres, une atmosphère de sympathie et de confiance. S'ils occupaient quelques charges publiques, ils ne redouteraient pas de sentir leurs oreilles frappées par les

1. « Malheureusement dans notre pays tel que nous l'ont fait les vicissitudes politiques, il n'y a que deux catégories d'individus en possession du conseil et de l'action: les élus et les fonctionnaires... » Cf. *l'Appel aux compétences*, par M. J. DESSAINT, *Le Progrès agricole*, 8 août 1915, «A propos de comités consultatifs économiques ».

clameurs de ceux qui, pour les provoquer, répèteraient leurs propres paroles, ni d'être fouettés au visage par le souffle vengeur des tempêtes que, pour parvenir, ils auraient eux-mêmes déchaînées.

Il leur est aisé d'étendre à une entreprise plus vaste que la leur les qualités maîtresses qui leur ont permis de réussir dans les affaires privées. La région trouvera en eux des hommes tout faits, prêts à diriger les affaires publiques, comme ils ont su diriger leurs propres affaires, avec ordre, avec économie, avec précision, dans un esprit de justice, avec le sentiment de la responsabilité et la préoccupation de l'avenir.

Comment voulez-vous que le suffrage universel professionnellement inorganisé sache les découvrir, les solliciter, et leur confier des mandats ? Il ne recherche aucune compétence particulière ; vague et imprécis lui-même, il groupe les électeurs au gré du hasard territorial ; l'habitat seul les réunit ; sans direction assurée, ceux-ci se laissent séduire par ceux qui ont les qualités les plus brillantes, mais souvent les moins solides. C'est la raison pour laquelle nous voyons siéger dans nos assemblées, qui devraient représenter mieux l'ensemble du pays, un trop grand nombre de membres des professions libérales.

Il n'y a de largement représentées en France que les professions libérales ; c'est à quoi il faut porter remède. Plus que tous les autres les avocats pullulent ; à ceux-là les succès sont assurés. Comptez-les dans les Conseils généraux ; comptez-les au Parlement ; comptez-les dans les ministères ; ils sont partout et partout en majorité. Ils mènent la France, et leur profession semble être presque la seule qui ouvre la voie aux fonctions électives.

Ah ! Messieurs, ils sont si habiles, et leur langue

harmonieuse possède les merveilleux secrets de la séduction ; ils trouvent pour colorer leurs pensées les expressions les plus heureuses, ils savent faire appel à tous les sentiments, rassurent ceux qui doutent, enflamment les timorés, exaltent les confiants ; leur thèse du jour est leur but unique, ils ne songent qu'à elle ; il leur faut persuader dans le sens qu'ils viennent de choisir ; ils rassemblent les 'arguments épars, agencent dans un ordre parfait ceux qui leur sont favorables, couvrent ceux qui leur sont nuisibles sous des voiles épais ; leur voix prenante capte les auditeurs, leurs gestes assurés les dominent, leurs raisonnements subtils les saisissent. Ceux-ci sont pris, ils cèdent, le succès est remporté. Mais attendez ces orateurs à demain ; demain, avec le même talent, ils plaideront la thèse contraire.

Ne les blâmez pas ! devant vous et pour vous ils exercent leur métier ; si des arguments imprécis vous ont séduits, n'adressez de reproches qu'à vous-mêmes. Si, dans les assemblées, ceux dont la parole vous a conquis sont trop nombreux, possèdent les places que vous devriez occuper, à qui la faute ? — A eux qui parlent ou à vous qui les écoutez ? Si vous voulez être écoutés, parlez à votre tour ; si l'ordre actuel des choses ne vous permet pas de vous faire entendre de ceux qui sont susceptibles de bien vous comprendre, modifiez-le, vous le pouvez, vous êtes le nombre.

Vous qui représentez ici les éléments solides du pays, ceux qui exercent un métier plus réel que celui de la parole, vous devez profiter de la formation de la région pour préparer l'accession naturelle de vos mandataires à sa représentation.

Une seule profession ne peut continuer à gouverner ni la France, ni les régions de France, et cela d'autant moins que la profession qui domine aujourd'hui prépare mal à la direction des affaires et à leur conduite.

Voyez à l'œuvre, dans les postes élevés qui leur ont été confiés par la nation, ces avocats que vous écoutiez tout à l'heure avec ravissement : ils s'efforcent de faire de leur mieux, ils déploient toutes les ressources de leur merveilleuse intelligence : demandez-leur tout, sauf la constance, les jugements mûris, les idées laborieusement formées par l'expérience des choses, et qui tiennent si fortement au cerveau des hommes qui les ont conçues qu'ils veulent les transformer en actes. Ils peuvent avoir toutes les autres qualités, ils n'ont pas celles-là. Ils assimilent, il est vrai, avec une incroyable rapidité, mais c'est précisément cette trop grande facilité d'assimilation qui est l'obstacle permanent à la transformation en actes des conceptions de leur intelligence : ils saisissent assez vite pour comprendre et parfois expliquer ; ils ne saisissent pas avec une sûreté assez grande pour décider de l'exécution d'une œuvre durable. Des idées hâtives glanées çà et là, des renseignements pris au hasard des conversations, des constatations rapides, forment les seuls éléments de leur jugement ; le dossier est prêt, annoté, ils peuvent plaider, soutenir les controverses les plus subtiles. Mais peuvent-ils agir ? Peuvent-ils réellement donner à l'immense machine publique l'impulsion qui doit l'animer, accroître la vie économique du pays, assurer le développement général, simultané, de toutes les forces de la société pour offrir au monde le spectacle d'une France puissante, sérieusement armée, bénéficiant d'une diplomatie aux conceptions étendues, soutenir et guider la nation tout entière, en un mot gouverner, eux dont le rôle est d'habitude terminé quand ils ont cessé de parler ?

Je ne crains le démenti d'aucun d'entre eux, car ceux-là mêmes qui, parmi les avocats, sont devenus de grands hommes d'État savent la contrainte qu'ils ont dû exercer sur leurs habitudes pour combattre les défauts de leur profession, s'astreindre à porter un jugement unique et précis, maintenir la permanence de leur décision, enfin se déterminer à l'action.

Vous, Messieurs, qui par vos professions êtes formés à l'action, vous ne pouvez leur céder toujours et en tout la part légitime qui vous revient dans la direction des affaires publiques.

Comme les membres des professions libérales, dans la proportion où ils contribuent avec celle-ci à la prospérité régionale et nationale, les membres des autres professions doivent être représentées dans les assemblées. Les agriculteurs qui arrachent, par leur labeur persévérant, à la terre en travail, malgré l'angoissante inclémence des saisons, les aliments du peuple entier ; les commerçants dont l'activité assure au loin comme sur place les échanges qui facilitent la vie ; les industriels et leurs ouvriers, qui transforment sans cesse la matière inerte et l'offrent à l'humanité pour multiplier son bien-être, ont, il me semble, le droit de ne pas confier la direction des affaires publiques à ceux qui, d'ordinaire, n'ont d'autres raisons d'être que les différends qui peuvent s'élever entre eux.

Et tant que cet état de choses durera, faudra-t-il continuer à s'étonner si le trouble général apparaît à tous, si l'inquiétude règne, si les rhéteurs ne sont plus en faveur, et si, de tous les côtés, on entend réclamer des assemblées qui soient le reflet fidèle du pays ? A mon avis, la Représentation professionnelle, ou tout au moins la division des électeurs en grandes.

catégories professionnelles peut seule donner à la France cette image fidèle.

C'est dans cet esprit que je vous demande d'étudier la formation de l'Assemblée régionale, la seule qui nous préoccupe aujourd'hui. Mais, n'oubliez pas que cette assemblée régionale doit préparer à la vie publique et à la représentation générale du pays les hommes nouveaux que, de tous côtés, on voit surgir aujourd'hui dans les manifestations de la vie corporative, et qui commencent à révéler leur activité, leur intelligence précise, leur sens pratique, leur force d'initiative, leur persévérance, au peuple du travail qui les attendait.

Nous aurons fait beaucoup aujourd'hui, Messieurs, si notre discussion s'attache à résoudre ce grand problème de la Représentation professionnelle. Je voudrais qu'elle se poursuive dans l'ordre, mais en toute liberté. Chacun pourra exprimer sa pensée, critiquer les idées qui vous ont été soumises, demander, pour les préciser, des explications complémentaires.

Ni votre Comité, ni moi-même n'avons la pensée de vous imposer une opinion. Nous avons seulement voulu proposer à votre attention un des objets qui ont motivé la formation de notre Groupement, et nous enregistrerons, si vous voulez bien nous les confier, pour mieux diriger nos efforts dans le sens de vos tendances véritables, vos conseils et vos avis [1].

1. Après ce discours, l'assemblée chargea le Comité de rédiger une proposition de loi, afin que le texte pût en être discuté dans les réunions suivantes, ce qui fut fait. Cette proposition de loi déposée le 9 mai 1913 par MM. Jean Hennessy, de Lanessan, James Hennessy, Voyer, Paul Mairat, Robert David, de Montjou et Beauchamps, députés, est celle dont on trouvera une discussion à propos de l'historique de la Province. L'exposé des motifs et le texte se trouvent dans toutes les brochures éditées par la Ligue de Représentation Professionnelle et d'Action Régionaliste, 1, rue Euler, Paris. Édit. par Conard frères, Périgueux, 1913.

MESSIEURS [1],

Il y a dix mois environ, une modeste assemblée se tenait à Angoulême. A l'appel adressé par MM. Comandon, Clauzy et Martin aux représentants qualifiés de toutes les professions organisées de la région, quelques enthousiastes seulement avaient répondu. La salle où ils s'étaient groupés pouvait contenir cent personnes à peine, elle n'était pas remplie ! Cependant, ceux qui l'occupaient étaient des hommes d'action, rien n'aurait pu les détourner du but qu'ils se proposèrent. Confiants dans leur dessein, ils résolurent de poursuivre avec une persévérance infatigable la réalisation du programme qu'ils s'étaient tracé et, prenant pour devise cette phrase qui résumait leurs espérances : « La Profession représentée dans la Région organisée », conçurent, pour divulguer leurs idées, un vaste plan de propagande.

Un Comité provisoire fut constitué sur l'heure. Il fut décidé que, pour trouver des membres nouveaux, des réunions seraient tenues dans chaque chef-lieu de département de la région.

1. Discours prononcé au Congrès du 6 avril 1913, Salle Phil harmonique, à Angoulême. Le Congrès Régional d'Angoulême comprenait plus de 1.500 personnes. Toutes les professions, toutes les parties de la région étaient représentées.

Mais voilà qu'aussitôt le succès dépasse les espoirs les plus optimistes : Pleins d'entrain et de zèle, ceux qui ont pris à cœur de préparer ces réunions trouvent, auprès de la plupart de ceux à qui ils exposent les idées directrices du Comité, l'accueil le plus favorable. Si parfois ils rencontrent des hésitants, des arguments si serrés, si convaincants se pressent sur leurs lèvres qu'ils triomphent aisément de tous les doutes et obtiennent rapidement les plus précieux concours. Les réunions se succèdent, chacune marque un progrès ; les conférences sont complétées par des discussions soutenues, devant un auditoire qui ne cesse de s'agrandir, par des hommes de mieux en mieux avertis, et, dans l'échange des idées, la pensée commune se précise.

Mais il faut lui donner une forme concrète, montrer qu'elle est possible à réaliser, et indiquer comment elle doit entrer dans la pratique légale. Il est alors résolu qu'une proposition de loi sera élaborée.

Cette proposition de loi, dont les principes essentiels ont été discutés un à un par les représentants des différentes professions de la région, vous la possédez entre les mains. Demain, elle sera déposée sur le bureau de la Chambre.

Pour déterminer ses signataires à la présenter au Parlement, pour la proposer à l'attention publique, que pouvions-nous désirer de mieux que l'assemblée presque innombrable qui donne aujourd'hui à notre Congrès un éclat particulier ? Pour la première fois, une grande Assemblée régionale s'est constituée, affirmant par les distances parcourues aujourd'hui même par ses membres, et confirmant par son ampleur l'existence de cette poussée régionaliste qui, dans toutes les manifestations de la vie sociale et économique, brise avec une force irrésistible les cadres trop étroits du département.

Ah ! Messieurs, quelle magnifique assemblée !

Comme votre assemblée est expressive, quels enseignements elle renferme, quel spectacle inconnu jusqu'à ce jour elle offre à ceux qui vont prendre la parole devant elle ! Tous ici sont de la même région, tous se connaissent, et quand, les uns après les autres, des sénateurs, des députés, des universitaires, des membres de toutes les professions vont apporter à l'œuvre commune leur éloquente quoique rapide adhésion, ceux que vous saluerez de vos vivats et de vos applaudissements, s'ils ne sont pas vos amis, seront tout au moins vos voisins. Ils seront unis à vous par cette affinité spontanée, naturelle, charmante, qui naît entre les hommes d'une même région et qui résulte du bon voisinage. Du bon voisinage procède un sentiment qui a noué entre elles durant le cours du temps, par un attachement impérissable, toutes les populations de France ; qui a constitué une unité que, nous aussi, nous voulons intangible ; que le sang français répandu hier sur le continent, aujourd'hui dans nos colonies, vivifie ; qui fait frémir d'une même émotion et soulève dans un même battement le cœur contenu dans les poitrines françaises, et qui dresse aux heures menaçantes le peuple de France tout entier dans un élan de fierté sublime : l'amour de la Patrie !

Recherchons ensemble, Messieurs, les causes du succès de notre Congrès. Ni les efforts de ceux qui. l'ont organisé, et auxquels je désire exprimer publiquement notre gratitude, ni le talent des orateurs qui vont prendre la parole devant vous, ni la sympathie qui les entoure, ne suffisent à l'expliquer. D'autres raisons existent, plus profondes, plus sûres, et dont eux-mêmes, lorsqu'ils ont accepté de parler, ont subi l'attirance. Depuis sa fondation, notre Comité n'a cessé de constater l'attrait qu'exercent sur toutes les intelligences les deux idées que nous préconisons simultanément, parce que nous les concevons simultanément.

Pour comprendre notre succès, il faut toujours en revenir là. Souvent, ces idées se présentent un peu confuses et vagues dans les esprits, mais presque partout nous les avons trouvées déjà en formation, car chez tous ceux qui réfléchissent existe le désir d'adapter notre pays à l'ordre nouveau des choses et la compréhension très nette qu'une transformation fondamentale, dont le secret réside dans la refonte de notre administration et de notre représentation provinciale, peut seule rétablir un équilibre, qui paraît compromis, entre le pays et ses représentants, entre le pays et son administration.

Chez les uns, il se traduit par le désir de remédier à notre centralisation excessive, à notre morcellement administratif exagéré, procédant de conceptions, utiles dans leur temps, mais cependant perfectibles, en créant des circonscriptions plus larges, plus naturelles, moins rigides, et de céder par là à la poussée régionaliste que nous constatons, car elle est un fait.

Chez d'autres ce sentiment se traduit par le désir de faire participer à la direction des affaires publiques les représentants qualifiés de tous ceux dont le travail assure la prospérité régionale ou nationale et de ne plus continuer à séparer la théorie politique de la réalité économique; ils prétendent que pour y parvenir les électeurs doivent se grouper, non pas, comme il est d'usage pour toutes nos assemblées, selon la communauté de résidence seulement, mais aussi selon la communauté professionnelle, puisant dans les liens étroits d'un travail analogue une plus grande clairvoyance pour choisir leurs représentants, certains de trouver chez eux une compétence plus grande pour la discussion de leurs intérêts particuliers, qui constituent, par leur fusion, l'intérêt général du pays.

Si ces deux idées n'avaient pas encore produit leur plein effet, c'est qu'elles n'avaient pas été, lorsqu'on les présentait, assez étroitement associées. Chacune d'elles contenait cependant une force d'expansion insoupçonnée, et comme il suffit de rapprocher deux tiges de métal chargées d'un fluide électrique invisible pour que les puissances qu'elles renferment éclatent et que l'étincelle jaillisse, il a suffi de les rapprocher, d'affirmer — ce qui est une vérité évidente — que l'évolution économique nous commande de les réaliser l'une pour l'autre et l'une par l'autre pour décupler leur force d'attraction et pour que le désir de les voir simultanément réalisées soulève les enthousiasmes et entraîne, dans une poussée d'opinion publique qui s'accroît avec une rapidité stupéfiante, tous ceux qui ont médité notre devise : « La Profession représentée dans la Région organisée. »

Messieurs, la Profession représentée dans la Région organisée, cela dit tout. La Région organisée c'est, sans briser l'unité nationale, la France divisée en régions, exploitant les ressources naturelles de son territoire, sous la direction effective des habitants qui l'occupent ; c'est chaque portion du territoire directement exposée au foyer d'activité intense contenu dans beaucoup de villes provinciales, et au rayonnement desquelles s'opposent aujourd'hui, comme des écrans, les limites des départements ; c'est, pour empêcher l'absorption par la capitale, enflée de population, de toutes les intelligences du pays, la constitution légale de groupements homogènes assez importants pour restaurer la vie provinciale et ramener parfois sur le sol natal les mieux doués de ses enfants, artistes, écrivains, poètes, savants, qui, reprenant contact avec la terre familiale, retremperont leur personnalité, refondront leur sensibilité et, ravivant aux sources de leur naissance leur puissance créatrice, développeront, dans toute la France, une renaissance générale des lettres, des sciences et des arts.

C'est aussi, dans un autre ordre d'idées, la science agricole vulgarisée pour le grand bénéfice des travailleurs de la terre, l'instruction professionnelle répandue; c'est l'épargne française retombant sur le sol national comme une rosée féconde, au lieu d'être dispersée aux quatre vents du monde; c'est l'industrie florissante sur le sol qui l'appelle, c'est le commerce stimulé, régénéré, répondant aux sollicitations maritimes ou continentales; c'est, dans nos ports agrandis et puissants, le pavillon national qui claque au vent; enfin, c'est partout comme une floraison spontanée, une recrudescence de vie économique et artistique, car la vitalité des organismes s'accroît en proportion de la liberté dont ils bénéficient et les hommes déploient de l'énergie en proportion de la responsabilité qu'ils assument.

L'esprit étroit, appauvri, de ceux qui n'offrent pas, pour la stimuler, à leur pensée un champ d'action assez vaste, cédera devant l'acuité d'intelligence des hommes appelés à regarder vers des horizons plus étendus. Les initiatives seront stimulées, et les regards, trop souvent tournés vers l'État, parfois chargés de supplications, parfois de vaines menaces, brilleront de la fière lueur qui illumine ceux des hommes assez forts pour produire par eux-mêmes, assez libres pour se diriger eux-mêmes.

C'est aussi, par la création de circonscriptions administratives plus grandes que nos départements actuels, la possibilité, pour la démocratie, d'acquérir sur la direction de ses affaires une influence permanente et tout particulièrement d'exercer un contrôle sur les grands services publics, que la vie moderne commande de socialiser; et c'est, du même coup, débarrasser l'État du fardeau de directions multiples, donner aux membres du gouvernement, comme aux représentants de la nation, plus de temps, plus de liberté d'esprit pour consacrer leur activité et leur intelligence à ce qui devrait être leur tâche unique : la solution des grandes questions d'intérêt national.

C'est, comme conséquence, la possibilité d'effectuer une simplification administrative, reculant chez un peuple las de produire des enfants, où le nombre de citoyens libres décroît tandis que s'accroît celui des fonctionnaires, le spectre de l'étouffement devant une bureaucratie envahissante et centralisée, désireuse de défendre ses intérêts corporatifs, souvent en contradiction avec ceux des citoyens libres.

Dans la Région organisée, la Profession représentée, c'est, telle que nous la comprenons, sans aliéner la liberté de l'électeur, sans atteindre le principe du suffrage universel, la formation d'assemblées régionales comprenant des représentants qualifiés des grandes catégories professionnelles.

On n'y verra plus des élus représentant une masse d'électeurs à intérêts divers, à métiers dissemblables, à opinions différentes, groupés par la communauté de résidence; ternes reflets de la moyenne de leurs élec-

teurs, ils prennent, pour ne pas troubler leur quiétude, d'infinies précautions, écartent la solution des
questions susceptibles de mécontenter une partie
d'entre eux, préoccupés trop souvent, pour maintenir
une popularité qui s'étiole dans le vague de leur mis-
sion, de devenir les agents des pouvoirs publics qu'ils
devraient contrôler, ou d'être pour leur clientèle les
dispensateurs omnipotents des faveurs gouvernementales.

Mais nous y trouverons des hommes munis d'un
mandat mieux déterminé, investis de la confiance de
ceux qui exercent les mêmes professions qu'eux, jugés
sur leurs œuvres par ceux qui en connaissent les difficultés, habitués à vouloir, pressés d'aboutir, capables
d'éclairer une assemblée par leur sens pratique des
choses. Écoutez-les quand ils se lèvent pour donner
leur avis : ils s'expliquent simplement, clairement : le
mot juste est toujours à la disposition de celui qui
sait. Leurs arguments sont serrés, condensés, ils viennent aisément à leur esprit, leurs discours révèlent
l'expérience mûrie d'une vie de labeur. Ce sont des
professionnels.

Il faut que dans les assemblées régionales chaque
profession soit représentée d'une façon équitable, afin
que, quelles que soient les questions qui se posent
devant elles, des hommes compétents puissent renseigner spontanément leurs collègues, demeurer devant
eux, en tout temps, les défenseurs directs et autorisés
des intérêts de leurs commettants.

Voilà pourquoi il faut établir la Représentation professionnelle. N'en doutez pas, Messieurs, la Profession représentée, c'est faire que les Assemblées soient,
en réduction, l'image des habitants du pays, contien-
nent des représentants de toutes ses forces vives;

c'est faire discuter par des représentants directs de tous les travailleurs les questions qui intéressent tous les travailleurs; c'est un progrès démocratique une adaptation meilleure du suffrage universel vers une représentation plus sincère et plus réelle des classes laborieuses ; c'est, dans la représentation des intérêts collectifs, substituer au système purement mathématique, qui engendre, par un contraste étrange, dans les discussions, le vague et l'imprécision, — un mode de votation qui se plie aux réalités tangibles et fait des élus qui gardent l'empreinte fidèle du moule dont ils sont sortis.

Pour me résumer, la Profession représentée dans la Région organisée, c'est adapter l'administration et la représentation du pays à la vie même de ce pays, et, pour les Français, cesser de courber la tête sous les lois mathématiques formulées d'une façon impitoyable par « les hommes géométriques » qui ont passé sur la France et qui ont laissé, sur son sol et dans l'esprit de ses enfants, leur redoutable empreinte.

Faut-il vous répéter les admirables paroles du grand penseur et du grand poète que fut Lamartine et qui, pendant un temps, constitua à lui seul tout le parti social, quand, exposant les destinées de la poésie, il décrit l'orgueil stérile de l'époque où il entra dans le monde, au déclin de l'Empire, et peint l'angoisse des jeunes gens courbés sous l'insolente tyrannie des hommes géométriques — le mot est de lui — qui, seuls, avaient alors la parole et les écrasaient ?

« C'était une ligue universelle des études mathématiques pures contre la pensée et la poésie... Le chiffre était seul permis, honoré, protégé, payé... Depuis ce temps, j'abhorre le chiffre, cette négation de toute pensée, et il m'est resté, contre cette puissance des mathématiques exclusives et jalouses, le même sentiment, la même horreur qui reste au forçat contre le fer dur et glacé rivé sur ses membres et dont il croit éprouver la froide et meurtrissante impression, quand il entend le cliquetis d'une chaîne : les mathématiques étaient les chaînes de la pensée humaine ; je respire, elles sont brisées. »

Puis il raconte la lutte de la pensée s'affranchissant au souffle des grands écrivains. Mais ce que le poète a pu dire, l'homme social a dû, lui, le taire, car il continue à courber la tête sous la pesée des hommes géométriques. Oui, les chaînes de la pensée sont brisées et, dans notre République, la pensée humaine peut s'imprimer et s'exprimer librement. Oui, les chaînes de la poésie sont tombées et les strophes lyriques, débarrassées de leurs entraves, soutiennent par leur mesure et emportent dans leur rythme l'intelligence humaine jusqu'aux bornes de son entendement ; mais les chaînes de la vie ne sont pas brisées : dans le morcellement géométrique du territoire, le peuple des campagnes étouffe, se sent emprisonné, dépérit. Par la représentation numérique, le peuple du travail a abandonné presque exclusivement aux membres d'une seule profession le soin de représenter toutes les autres.

Je m'adresse à vous : agriculteurs, commerçants, industriels, membres de toutes les professions ; il faut continuer, vers la libération complète, l'œuvre des penseurs et des poètes du siècle dernier, vous affranchir à votre tour des lois mathématiques rigides et déprimantes. Trouvez pour vous grouper, trouvez pour vous représenter, des formules naturelles, non pas des formules scientifiques. Vous le pouvez. Vous pouvez tout : vous êtes le nombre, vous êtes la masse, vos désirs s'imposent. Seulement il faut vous unir. Unissez-vous pour vouloir ; imposez, par la continuité de votre volonté, un projet de loi qui émane de vous, que vous consacrez aujourd'hui par vos applaudissements unanimes, et que nous, vos représentants, sommes prêts à défendre dans toute la France.

L'ÉVOLUTION ÉCONOMIQUE ET LA REPRÉSENTATION SYNDICALE [1].

MESSIEURS,

Vous avez fait à la Ligue de Représentation professionnelle et d'Action régionaliste, en la convoquant à votre important Congrès, un très grand honneur. Ses fondateurs l'ont vivement apprécié ; ils viennent à vous aujourd'hui au cœur même de la France, au centre des monts du Velay, inviolés par les invasions, mais accessibles aux idées généreuses, satisfaits d'exposer, devant un auditoire aussi apte à les accueillir que le vôtre, les raisons profondes qui les ont déterminés à constituer cette Ligue. Ils sont anxieux de soumettre à votre critique avisée leur programme, mais ils sont

1. Le groupe régional du Plateau Central de la Confédération des groupes commerciaux et industriels de France avait fait appel à la *Ligue de Représentation Professionnelle et d'Action Régionaliste* pour lui demander d'exposer son programme au cours du grand congrès régional que ce groupe a tenu au Puy-en-Velay les 21, 22, 23 et 24 août 1913. La séance était présidée par M. Charles Dupuy, sénateur, assisté de MM. Beurdeley, préfet de la Haute-Loire ; Bontard et Néron, députés de la Haute-Loire ; de Paloméra, président de la Confédération des Groupes commerciaux et industriels de France ; Louis de Romeuf, conseiller général de la Haute-Loire ; Guérin, trésorier-payeur général ; Boudignon, ancien maire du Puy ; les membres du bureau du Congrès, etc.

surtout désireux de vous inspirer leur confiance dans la prompte réalisation de leurs espérances.

Les principes de la Ligue résumés dans sa devise : *La Profession représentée dans la Région organisée*, doivent être acceptés et soutenus par vous. J'ose affirmer que leur réalisation n'est pas faite pour satisfaire les aspirations d'une seule région, mais aurait pour résultat d'adapter l'administration et la représentation de notre pays à l'état présent engendré par les grandes révolutions économiques accomplies durant le siècle dernier, que cette réalisation est désirée par les plus avertis d'entre les Français.

Elle est destinée, en décongestionnant et en désintoxicant le pays, à lui rendre son ancienne vitalité.

*
* *

Le siècle dernier fut celui des grandes découvertes scientifiques, celui surtout de leurs applications pratiques. Ces principales applications furent : l'utilisation des moteurs à vapeur ou autres, et, plus récemment, la captation, la transformation, la transmission de l'énergie électrique. Leurs répercussions sont incalculables, et si elles n'ont pas encore produit tout leur effet, elles ont cependant transformé les conditions de la vie humaine. Elles causent des révolutions économiques, préparent de profondes modifications sociales : les unes sont aisées à prévoir, d'autres, toutes prêtes cependant à se révéler brusquement, conservent leurs impénétrables secrets.

Alors qu'autrefois — et il n'y a pas encore longtemps de cela — chaque contrée pourvoyait seule à la subsistance et à la vie de ses habitants, évoluait comme un petit monde presque fermé, avec une

extrême lenteur, l'évolution moderne se déroule avec
une progression continue, motivée et accélérée par
la fréquence et la rapidité des moyens de transport.
Les obstacles de pesanteur et de distance étaient autrefois difficiles à surmonter, ils s'opposaient aux
entreprises humaines, ils diminuent chaque jour; la
vitesse des échanges s'accroît, les poids les plus
lourds sont aisément transportés. L'industrie, le
commerce, l'agriculture, les systèmes financiers, les
principes administratifs, les rapports sociaux, les
rapports internationaux, tout est modifié depuis un
siècle, que dis-je? depuis dix ans. L'état présent est
instable ; chaque décade, chaque année marque une
évolution, quand autrefois, durant tout le cours d'un
siècle, les conditions de la vie humaine variaient à
peine.

Voulez-vous des exemples ? Prenons l'agriculture,
depuis le treizième siècle jusqu'au milieu du siècle
dernier : les conditions de l'agriculture en France, les
procédés de culture n'ont presque pas varié. De nos
jours l'agriculture doit subitement tenir compte de
la concurrence nationale et mondiale, elle ne peut
lutter contre elle qu'aidée par la science et en usant,
pour augmenter ses rendements et accroître ses débouchés, des moyens de transport qui viennent de la
transformer elle-même.

Examinons les conditions commerciales. Elles aussi
sont complètement modifiées : la clientèle constamment sollicitée voit affluer vers elle et jusque dans
sa maison les produits agricoles ou manufacturés du
monde entier ; la concurrence entre commerçants
devient plus aiguë ; pour y résister ils doivent étendre
leur action sur un espace plus grand et se fortifier par
un effort collectif.

Les villes où se font les échanges s'accroissent. Ces foyers d'activité, d'intelligence, loin d'être préjudiciables au développement du pays, lui sont indispensables, et les contrées d'alentour ne souffriraient pas de l'exode rural si les terres normalement remembrées et exploitées étaient cultivées avec des frais moindres. Aux commerçants qui comprendront l'évolution urbaine et mondiale s'ouvre un champ d'activité magnifique : il appartiendra au vingtième siècle de multiplier, dans des proportions insoupçonnées, les échanges entre les continents : il sera le siècle « commercial ».

Oui, Messieurs, la révolution économique est en marche, non seulement dans quelques pays, mais dans le monde entier. Elle tend à unifier la civilisation. C'est elle qui a fait dévier les courants d'émigration vers les terres d'Amérique et qui a peuplé les contrées presque désertes au dix-huitième siècle. C'est elle qui, au centre même de l'Afrique, redonne aux peuples noirs une activité nouvelle dépendant de l'activité européenne. C'est elle qui, pénétrant le monde slave et le monde chinois, va réveiller les énergies des races qui furent toujours productrices d'hommes et qui, cessant d'être contenues dans leurs civilisations arriérées, vont à nouveau refluer vers les peuples de l'Europe occidentale, peut-être faire cesser leurs luttes et préparer leur entente.

Tous les pays subissent cette révolution, mais moins centralisés que le nôtre, ils peuvent plus aisément s'y adapter. Chez tous, la population s'accroît, les activités sont stimulées, les énergies se déploient, chaque contrée se transforme pour maintenir sa place ou conquérir son rang dans la concurrence mondiale ; les peuples les plus petits sont aussi actifs que les grands ; le développement de la Hollande, de la Belgique, de la Suisse, du Danemark, ne le cède en rien à celui de l'Allemagne, de l'Italie et de la Russie.

La France presque seule ne progresse plus ; cloisonnée dans des circonscriptions administratives aussi nombreuses que désuètes, centralisée à l'excès, menacée de dépopulation, elle a interrompu sa marche ascendante, et son développement économique se trouve paralysé ; sa centralisation l'étouffe ; son unification qui, à une époque, fut la raison de sa prépondérance, menace, étant devenue excessive, de l'étioler à jamais ; elle ne reprendra son essor que lorsqu'elle cessera d'être la France géométriquement divisée, mathématiquement représentée, mathématiquement administrée.

Cependant, le peuple français toujours subtil, toujours en éveil, devient inquiet ; il sent le péril, il veut l'éviter, il en cherche les moyens, et de l'opinion publique se dégagent, encore imprécises, peut-être, mais déjà apparentes, les idées qui, réalisées, doivent transformer notre pays en adaptant sa vie administrative et sa représentation à sa vie économique.

Déjà la réforme administrative recueille les adhésions de tous.

Mais elle ne sera féconde, elle n'est d'ailleurs possible que si elle se trouve doublée par une réforme autrement importante : la division de la France en régions, la nomination d'assemblées régionales, sur la base de la représentation professionnelle.

Je voudrais vous démontrer, en examinant la façon

dont les régions se forment naturellement et les conditions de la représentation des divers intérêts des citoyens, pourquoi c'est dans la Région et dans la Région seule tout d'abord que doit être tentée l'expérience de la représentation professionnelle qui nous tient tant à cœur.

L'évolution économique condamne les départements, désormais trop petits, à disparaître. Les intérêts des habitants les débordent de toutes parts, et chaque jour, par-dessus leurs limites, des groupements se forment.

La région se composera de toutes les villes, de tous les territoires qui ont besoin les uns des autres, qui se complètent, se coordonnent et se groupent autour de leur capitale, distributrice du crédit, de l'initiative, des progrès techniques, centre des relations avec le dehors.

La Région sera un organisme vivant.

*
* *

C'est un des grands problèmes modernes que d'organiser la Représentation économique, concurremment avec la Représentation politique. Plusieurs méthodes ont été proposées. Quelle est la meilleure ?

Convient-il que les intérêts économiques soient directement représentés dans les Assemblées nationales et, là, confondus avec l'intérêt politique, qui, forcément, domine dans ces Assemblées ? Ou bien faut-il que ces intérêts soient représentés par des Chambres spéciales qui seraient, soit consultatives, c'est-à-dire sans pouvoirs effectifs, soit législatives, mais alors opposeraient leur puissance légale aux

Assemblées politiques et entreraient constamment en conflit avec elles ?

N'est-il pas enfin préférable de confier à l'Assemblée professionnelle le soin de gérer et d'administrer la circonscription nouvelle dont nous avons démontré la formation économique, c'est-à-dire la Région ?

Les intérêts des citoyens sont de trois ordres différents : un intérêt *local*, plus étendu que l'intérêt communal, la commune restant la cellule de l'organisme social ; un intérêt *national* ; enfin, un intérêt d'ordre *général*, supérieur au premier, inférieur au second, spécial à la Région.

Pour pourvoir à ces intérêts divers, il faut prévoir trois genres différents d'Assemblées. Quelle sera, pour chacune d'entre elles, le meilleur mode de recrutement, car il n'est pas indispensable qu'il soit identique pour toutes ?

Vous le savez, les électeurs peuvent être groupés de deux façons différentes, soit selon la communauté de résidence, soit selon la communauté professionnelle.

Le premier mode de groupement, le seul que nous ayons actuellement, permet de faire représenter les intérêts locaux, également les intérêts nationaux. Le perfectionnement de la représentation nationale doit être recherché non dans un groupement nouveau des électeurs, mais dans l'extension des circonscriptions électives.

Mais dans les Assemblées régionales, celles qui doivent traiter la plupart des questions économiques, il faut que siègent des professionnels, non pour résoudre les questions essentiellement professionnelles, ce qui est et demeurera l'œuvre des Syndicats et des Associations, mais pour participer au développement de chaque région et, partant, à celui de toute la France [1].

L'avantage est double : les questions économiques résolues dans ces Assemblées n'encombreront plus la discussion du Parlement, et ces questions, indispensables à la prospérité du pays, seront débattues par des hommes compétents, tous renseignés sur les besoins de leur région.

La France de notre époque n'est plus, comme celle du dix-huitième siècle, un État presque exclusivement agricole : chaque contrée se spécialise et les intérêts se diversifient.

Les intérêts des régions houillères, vinicoles, métallurgiques sont-ils identiques ? — Ceux des régions maritimes se confondent-ils avec ceux des régions montagneuses du Centre ? — Ceux de la région où la Loire prend sa source sont-ils semblables à ceux de la région qui borde son cours inférieur et son estuaire ?

Et je m'adresse à vous, commerçants, ne préférez-vous pas que quelques-uns des vôtres siègent dans l'Assemblée régionale pour discuter, avec les représentants des autres professions, les questions d'ordre

1. «...Contrairement à ce que redoutent certains esprits qui craignent que notre programme retarde la réalisation de l'organisation corporative, je prétends que l'organisation économique régionale, telle que nous la comprenons, est de nature à hâter cette organisation du travail qu'ils croient nécessaire. »

« En tous cas, elle est de nature à donner aux institutions syndicales de toute catégorie plus de cohésion et plus de force, à leur permettre de poursuivre un objectif plus concret, à s'organiser, en un mot, de manière à donner à leur action un aboutissement pratique, tenant compte à la fois des contingences et des lois d'incidence si fréquentes dans les questions d'ordre économique et social, en leur permettant enfin de faire entendre leurs voix dans des assemblées délibérantes. » (M. DE MARCILLAC, Toulouse, 1er février 1914.)

général propres à la région, plutôt que de les soumettre à des Assemblées nationales quelles qu'elles soient ?

Est-ce des Assemblées nationales, fussent-elles mêmes professionnelles, qui exécuteront vos grands travaux publics, qui feront donner l'instruction professionnelle, spéciale à la région, qui adapteront la science agricole aux conditions de chaque contrée, qui établiront votre crédit local ou encourageront les banques et bourses régionales dont il dépend ? Devant l'immensité et la complexité des questions à résoudre, les efforts de ces Assemblées partant de trop haut dévieront de leur but et demeureront désormais stériles.

A de semblables questions vous avez d'ailleurs répondu à l'avance. C'est vous qui, comme les agriculteurs, en constituant des Unions régionales, en tenant des Congrès comme celui-ci, destinés à préparer et à renforcer votre action fédérative dont nul ne conteste l'utilité, avez démontré la nécessité des Assemblées régionales.

Réfléchissez, pesez mes arguments : votre conviction sera la même que la mienne.

Il nous reste à trouver quel est le meilleur mode de représentation professionnelle. Il convient, non pas de déterminer quel serait, théoriquement, le meilleur, mais de découvrir celui qui pourrait être immédiatement accepté et appliqué.

Ce qui importe avant tout, en effet, c'est de trouver le moyen de faire siéger, dans les assemblées régionales, des hommes compétents, dans toutes les branches de l'activité sociale, et que les membres des professions libérales n'y détiennent pas une majorité excessive.

Plusieurs modalités de représentation professionnelle ont été proposées, toutes peuvent se rattacher à deux systèmes : l'un, tendant à faire élire les représentants par tous les membres de la profession groupés pour cet effet ; l'autre, à les faire désigner par les organisations professionnelles permanentes constituées par des desseins plus généreux.

Le premier système est compatible avec le suffrage universel ; la liberté de l'électeur est respectée, l'électeur n'est pas contraint, pour être représenté, d'entrer dans un groupement quelconque.

Dans le second système, les pouvoirs des élus ne leur étant pas conférés après le vote de tous les membres de la profession, ceux-ci ne peuvent prétendre à administrer les budgets publics, ni à décider des questions d'ordre général ; ce système produira donc des assemblées consultatives, non des assemblées délibérantes ; de plus, il présuppose une organisation professionnelle très complète et la formation de véritables corporations qui, à l'image de celles du passé, renfermeraient tous les éléments du travail : les apprentis, les ouvriers, les maîtres ; c'est-à-dire les salariants et les salariés.

.·.

Théoriquement, les corporations auraient été pour la représentation professionnelle une base précieuse parce que, spontanément formées, elles englobaient tous les membres de la profession. Mais, d'une part, même sous l'ancien régime, les corporations auraient-elles pu servir de base à la représentation de toutes les catégories professionnelles, alors qu'elles n'existaient pas pour toutes ; et, de l'autre, peuvent-elles se reconstituer chez celles-là où elles existaient autrefois ? Il faut nous en rendre compte.

La profession commerciale, dont l'extension est récente, car autrefois beaucoup d'objets étaient directement vendus par ceux qui les produisaient, nécessite surtout des connaissances d'ordre général ; très peu de connaissances précises sont utiles. Beaucoup de patrons, presque tous les employés, peuvent, sans apprentissage nouveau, changer leur genre de commerce. Le vendeur a surtout besoin de savoir vendre et peut, sans courir de risques, s'il est bon commerçant, varier son article de vente.

Aussi les liens qui unissent les patrons aux employés sont-ils trop lâches pour que des corporations se forment parmi les commerçants.

La profession agricole n'y prête pas davantage. Voyez plutôt de nos jours, les Syndicats agricoles jouent un rôle important ; ils groupent grands et petits propriétaires, métayers, fermiers, journaliers, parfois même ouvriers agricoles, en un mot tous ceux qui dépendent du travail de la terre, mais ceux-ci se syndiquent, ou pour défendre leurs intérêts de classe en opposition les uns avec les autres, ou pour faciliter les échanges, contracter des assurances, défendre des questions d'ordre général ; ils forment de vastes associations d'individus attirés les uns vers les autres par certains besoins communs, nullement des corporations.

Reste la profession industrielle ; ce qui lie les hommes entre eux, c'est surtout l'exercice d'un métier nécessitant des connaissances spéciales difficiles à acquérir. Pour l'homme qui a appris un métier, il devient malaisé de le changer ; en tous cas, après avoir pris la peine de l'apprendre, il veut l'exercer avec profit, il se trouve donc par son métier même lié pour longtemps à tous ceux qui, comme lui, en vivent. C'est donc, parmi les manufacturiers, les industriels, que les liens professionnels doivent être les plus tenaces.

Mais les conditions de travail sont changées : l'introduction de la machine dans les usines, qui modifie l'emploi de la main-d'œuvre et supprime le travail manuel délicat, fait que beaucoup d'ouvriers sont des manœuvres, ne connaissant pas un métier, et peuvent indifféremment s'employer dans une usine quelconque, quel que soit son genre de production.

L'apport fréquemment indispensable à la prospérité de l'entreprise d'un capital très souvent anonyme, offert par des tiers qui ne participent en rien à la gestion, la tendance à la concentration et à la spécialisation, qui crée de vastes usines où des milliers d'ouvriers s'opposent à quelques patrons, ne facilite pas le groupement dans des associations uniques, des patrons et des ouvriers. Enfin, pour des raisons diverses, la classe ouvrière prend conscience d'un intérêt de classe qui lutte fréquemment contre l'intérêt corporatif et s'organise en dehors du patronat.

Ainsi, à cause des conditions économiques et sociales, il est peu probable que de nombreuses associations réunissant les salariants aux salariés se forment dans l'avenir.

Le Syndicat actuel est tout autre chose que l'ancienne corporation. La loi ne le règlemente pas dans ses détails, il est ouvert à tous, il ne groupe pas tous les membres d'une profession, il peut n'en réunir que quelques-uns. Deux professionnels peuvent à eux seuls former un Syndicat; cette liberté de l'organisation syndicale fait obstacle à la représentation à base syndicale.

Faudrait-il, pour l'établir, violenter tous les travailleurs, rendre le Syndicat légalement obligatoire? Je ne le souhaite pas, mais s'il doit l'être, devons-nous attendre qu'il le soit? N'est-il pas préférable, pour le moment tout au moins, laissant aux Syndicats la possibilité de se compléter par la libre adhésion de ceux qui en comprennent la nécessité, d'accroître leur influence en forçant le législateur, comme il va le faire prochainement, à augmenter leurs capacités, de classer tous les électeurs dans de grandes catégories professionnelles pour désigner des mandataires? Ceux mêmes qui entrevoient l'organisation syndicale assez fortement constituée pour que d'elle émane ultérieurement toute la représentation du pays ne peuvent-ils penser avec nous, qu'en attendant, un des meilleurs moyens de faire pénétrer l'esprit positif, l'esprit des réalités, dans les Assemblées régionales, ce qui est leur but comme le nôtre, est d'adopter cette proposition?

Si le mode de représentation que nous préconisons n'est qu'une étape vers une représentation professionnelle plus complète, n'est-elle pas nécessaire et ne doit-elle pas être franchie d'un commun accord?

En quoi cela arrêterait-il le mouvement syndical? Les Syndicats seront-ils moins écoutés quand ils chercheront à faire prévaloir leurs avis ou leurs vœux, s'ils doivent les exposer devant une Assemblée composée des représentants de toutes les professions, plutôt que de comparaître devant un tribunal d'avocats, d'avoués, de notaires, de médecins et de vétérinaires, tous membres des professions libérales, qui ont coutume de siéger, avec les fonctionnaires, dans nos Assemblées ?

D'autre part, ne pensez-vous pas que des Assemblées ainsi composées ne seraient pas à même de gérer les intérêts régionaux, et je dis *tous* les intérêts régionaux, même ceux qui, formés d'intérêts complexes, sont des intérêts politiques ?

Pourquoi un professionnel, élu par ses pairs, serait-il frappé de déchéance et déclaré incapable de discuter des intérêts généraux ? Une Assemblée composée des représentants de toutes les forces vives de la Région, où ceux qui prendront la parole parleront avec l'expérience des choses, non avec cette imprécision coutumière aux avocats qui s'assimilent une question, la veille du jour où ils doivent l'exposer, et l'oublient le lendemain, ne peut-elle discuter autre chose que des intérêts professionnels ?

Mais pour participer à la direction des affaires publiques, il faut que les professionnels fassent leur éducation ; ils la feront dans l'Assemblée régionale ; là ils comprendront la nécessité de faire taire leurs rivalités, apprendront à ne plus exagérer par jalousie leurs causes légères de division ; d'autres sont prêts à en profiter, qu'ils s'en souviennent toujours !

La tyrannie syndicale peut être aussi dangereuse que la tyrannie locale. L'étroitesse de pensées, d'où qu'elle vienne, exerce une action déprimante, et c'est surtout pour l'éviter que la forme de représentation que nous préconisons doit être adoptée.

La Représentation à base syndicale tendrait à se nuancer à l'infini. Chaque profession, si peu importante soit-elle, demanderait à être représentée ; les Syndicats fédéraux voudraient constamment imposer leur mot d'ordre aux mandataires des Syndicats régionaux, les revendications les plus mesquines se feraient jour et les idées générales se dégageraient avec peine.

Tout au contraire, si les élus représentent toute une catégorie professionnelle, ils doivent dégager la somme des intérêts généraux de leurs commettants ; à cause de cela leur esprit est ouvert et ils se trouvent tout naturellement portés à discuter, avec des vues plus larges, les questions qui leur sont soumises : affranchis des préoccupations secondaires, des hommes pratiques et compétents, des professionnels sauront toujours trouver la bonne solution.

Pourquoi toujours laisser à d'autres le soin de gérer ses propres affaires ? Les seigneurs qui confiaient jadis à leurs intendants l'administration de leurs biens étaient rapidement ruinés. Les travailleurs de France ont confié presque exclusivement, jusqu'à ce jour, aux membres des professions libérales le soin de gérer leurs affaires publiques, le jour est venu où ils doivent les prendre eux-mêmes en mains, s'ils ne veulent pas laisser le pays sombrer dans la ruine financière, sous l'administration d'hommes habiles mais incompétents.

Oui, Messieurs, il est temps de passer à l'action !

II

L'HISTORIQUE DE LA PROVINCE

L'article premier de notre proposition de loi [1] est ainsi conçu :

« Une Commission de douze membres, choisie en dehors du Parlement, et nommée par le Gouvernement, déterminera le nombre des régions qui devront être formées sur la périphérie du territoire (côtes et frontières). Ils désigneront l'arrondissement « noyau » du groupement nouveau des arrondissements. »

Cet article premier pose — bien qu'il soit très court — des questions nombreuses, et vous me permettrez, pour faciliter notre discussion, d'appeler votre attention sur des cartes que j'ai fait disposer ici.

1. Il s'agit de la première proposition de loi.
A la réunion de Poitiers, 15 décembre 1912, le mode de nomination de l'Assemblée professionnelle régionale avait été étudié, dans une discussion dont on retrouvera le compte rendu dans le fascicule intitulé les *Réunions de Charente et du Poitou* publié par la *Ligue de Représentation Professionnelle*, 1, rue Euler Paris 8°. MM. Boissonnade, Poncin, Lucien Lacroix, Benon e Guillot y avaient pris part.
A la réunion de Niort (2 février 1913) la constitution de la Région et les pouvoirs de l'Assemblée régionale furent étudiés et M. Jean Hennessy fut appelé au cours de la discussion à faire un historique de la province.

Comme j'ai eu l'honneur de vous le dire à Poitiers, un des savants de notre époque, qui a le plus particulièrement étudié les tendances régionales, est M. Vidal de Lablache. Il a proposé un essai de division de la France en régions ; il n'est, d'ailleurs, pas le seul, car depuis fort longtemps des philosophes, des économistes, des géographes en ont proposé d'autres : Auguste Comte, Frédéric Le Play, Foncin, etc.

Mais j'appelle particulièrement votre attention sur la division proposée par M. Vidal de Lablache — parce qu'elle est une des plus récentes et qu'elle est basée à la fois sur des considérations géographiques et sur des considérations économiques. Loin de procéder d'une conception géométrique, cette division s'inspire des réalités vivantes : c'est, dit-il, d'une façon saisissante, « de biologie et non de mécanique qu'il s'agit ».

Diviser un pays comme le nôtre en des circonscriptions administratives et électives nouvelles est chose malaisée. On se heurte à des intérêts particuliers existant de tout temps ou nés depuis la création du département. Enfin, pour faire œuvre utile, il est nécessaire de répondre aux préoccupations qui pourront se faire jour dans l'avenir : la région doit répondre non seulement aux nécessités présentes, mais encore aux nécessités futures.

Il semble plus aisé de diviser en régions la périphérie que le centre du territoire. Aussi votre Comité a-t-il pensé que cette division pourrait se faire en deux étapes successives : diviser d'abord la périphérie, c'est-à-dire les régions qui sont attirées, soit par leur façade maritime vers le commerce d'outre-mer, soit par leur situation frontière vers le commerce avec les pays voisins. Les régions frontières sont le siège d'un mouvement d'échange incessant et qui va croissant chaque jour.

La division des régions situées à l'intérieur est plus difficile; jusqu'ici rien de bien satisfaisant n'a été proposé; la région de Paris, par exemple, telle qu'elle est délimitée par M. Vidal de Lablache, est certainement trop étendue et soulèverait bien des protestations parmi les habitants des départements qu'elle englobe.

Je me suis efforcé d'étudier ce qu'était une ancienne province, afin de vous le remémorer et d'expliquer aussi bien que possible ce que désigne ce mot, dont le sens varie dans l'histoire. Il est généralement assez mal compris; dans les manuels de géographie où l'on a tendance à trop simplifier, on enseigne que la France était, avant la Révolution, divisée en un certain nombre de provinces, sans spécifier suffisamment que ces provinces ne répondaient pas à des divisions administratives, judiciaires, électives, comme les départements actuels, et sans pouvoir, d'ailleurs, les dénombrer exactement.

Si nous remontons à l'origine latine du mot « province », nous constatons qu'il désigne « la partie d'un territoire dans lequel le gouvernement central place un représentant »; dans la langue française, le mot province subsista, variant de sens avec les époques et s'appliquant d'une façon générale à des divisions territoriales non définies. A la veille de la Révolution, en 1762, le dictionnaire de l'Académie donne du mot « province » la définition suivante : « Étendue considérable de pays qui fait partie d'un grand État et dans lequel sont compris plusieurs villes, bourgs, villages, dans l'ordinaire sous un même gouvernement. »

D'autre part, le marquis d'Angosse, gouverneur de Guyenne, écrivait à Necker : « Je crois devoir vous représenter que le gouvernement de Guyenne étant composé de beaucoup de provinces... »

Touret, dans son rapport sur la division en départements, fait très bien ressortir l'état chaotique de la France, le manque d'unité administrative [1] :

« Le royaume est divisé en autant de divisions différentes qu'il y a de différentes espèces de régimes ou de pouvoirs : en diocèses, sous le rapport ecclésiastique; en gouvernements, sous le rapport militaire; en généralités, sous le rapport administratif; en baillages, sous le rapport judiciaire. »

Les divisions ecclésiastiques avaient subsisté, presque sans changement, depuis l'établissement du christianisme en Gaule; les gouvernements militaires, tracés par l'autorité centrale, ne confondaient pas leurs limites territoriales avec les intendances. Dans le gouvernement militaire de Normandie, par exemple, il y avait trois intendances, celles de Rouen, Caen et Alençon.

Les impôts ne se fixaient pas partout de la même manière; d'une façon générale, les pays d'État votaient leurs impôts, le gouvernement royal les fixait dans les pays d'élections. Mais, là encore, les coutumes et les règlements variaient à l'infini et il n'est pas possible de définir les droits ou les obligations financières

---

1. Le décret divisant la France en départements est du 22 décembre 1789. La Commission se servit d'un plan donné en 1780 par le cartographe Robert de Hesseln. Le Comité déposa son rapport le 4 novembre 1789. Il fut défendu par Thouret. Un décret du 11 novembre 1789 constitua 85 départements, Mirabeau en demandait 120. Le décret du 26 février 1790 constitua 83 départements. La constitution du 24 juin 1793 par ses articles 68 et 82 sanctionna cette division. La constitution de 1795 remplaça les districts par les mairies de canton et supprima les conseils de départements.

des habitants des pays d'État et ceux des pays d'Élections.

Dans les divisions judiciaires, le manque d'unité était encore plus sensible; pour la représentation nationale, la nomination des députés ne se faisait pas selon des règles précises et uniformes [1].

Cependant, le mot province subsistait, était employé fréquemment, avec un sens compris des contemporains ; dans l'espoir d'unifier le royaume, le gouvernement central employait le mot « province » dans les ordonnances; les géographes établissaient des cartes des provinces, groupant dans une même coloration et sous un même nom les territoires où semblait s'affirmer une unité de coutumes et d'usages, de langues, de doctrines et même de costumes. J'ai sous les yeux un atlas historique dessiné par **M. Ricci Zanoni**, sur la carte de Cassini, datée de 1763; il donne une carte de France de son époque avec la légende suivante :

La France, divisée en toutes ses **provinces** *avec ses présidiaux, baillages, sénéchaussées, prévôtés, vigueries, chancelleries et pays subalternes, pour servir d'introduction à la grande carte légale considérée suivant l'étendue des coutumes, pouvoirs et lois territoriales qui régissent le royaume, dressée sur les grands triangles mesurés par MM. Maraldi Cassini et l'abbé de la Caille et sur les observations des astres, et représentée suivant les ressorts des Parlements et conseils souverains.*

Cependant, dans la préface, il a soin de faire remarquer :

1. Cf. Le bel article du docteur Caradec : « Le Mouvement régionaliste à la veille de la Révolution française » (*Dépêche de Brest*, 30 mars, 1916). Cf. l'Étude de M. de Romanet : *les Provinces de France*. Nouvelle librairie nationale, 1913.

Il semblait que l'on n'avait rien à désirer après ce vaste théâtre des révolutions successives de la Monarchie française; nous avons remarqué, cependant, que les terres du domaine royal ne peuvent pas y être toujours bien distinguées, et que l'œil les y confond souvent : on sait d'ailleurs que les anciens partages et les divers traités ont originairement produit une quantité prodigieuse de fiefs et de domaines particuliers, dont les bornes sont plus ou moins reculées que celles des **provinces actuelles** *qui en ont conservé le nom; le Comté d'Auvergne, par exemple, n'était qu'une petite portion du pays que nous connaissons aujourd'hui sous ce nom; la Guyenne ne ressemble en rien à l'ancienne Aquitaine; on ne saurait trouver les vraies limites des Comtés d'Auxonne et d'Oye; le Comté de Toulouse s'étendait à plus de quatre-vingts lieues au delà de l'enceinte de cette ville; la Basse-Navarre n'était pas bornée par les Pyrénées; le Marquisat de Provence était renfermé entre la Durance et l'Isère, c'était proprement ce que nous appelons Bas-Dauphiné. Combien d'autres provinces sont sorties d'abord des frontières qui leur ont été assignées depuis, se sont enclavées dans les territoires voisins et ont enfin repris leur situation primitive.*

Ainsi la carte des provinces existait plus dans l'esprit des géographes et des contemporains que dans les conceptions administratives : les paroisses et les différentes divisions judiciaires étaient toutes mélangées entre elles : comme chaque individu prétendait à des privilèges, chaque portion de territoire en revendiquait également.

Aussi, quand l'Assemblée Constituante se réunit, une de ses premières préoccupations fut de combattre l'esprit provincial. Les hommes de la Révolution comprirent qu'il fallait poursuivre l'œuvre de centralisation royale, et qu'ils devaient, pour achever d'unifier la France, détruire l'esprit provincial. C'est l'esprit provincial, l'esprit particulariste, et non la province, qu'ils cherchèrent à détruire.

Comme me le fait observer M. le général de Sesmaison, il faut noter toutefois que les départements ne furent organisés administrativement que sous l'Empire. Les préfets datent de 1808 [1].

Parmi les intendants, beaucoup se préoccupaient de mettre en valeur la partie du territoire qu'ils avaient à administrer et dans laquelle ils représentaient le pouvoir royal [2].

Pour unifier le territoire, plusieurs solutions furent alors proposées, dont quelques-unes très intéressantes. La lecture du *Moniteur* de 1789 en fait foi. Mais pour si instructive et intéressante qu'elle soit, je ne puis songer à vous l'imposer. Je tiens seulement à dégager les idées maîtresses de quelques discours très importants qui furent prononcés à cette époque :

1° D'abord celui de Touret. Touret rapportait au nom du Comité de constitution et représentait la conception géométrique qui guidait ses membres, notamment Siéyès. Prenant la carte de Cassini, il proposait de la partager géométriquement. « En prenant Paris pour centre, disait-il, on formerait un carré parfait de

1. Certains des anciens intendants ont laissé des souvenirs qui subsistent encore dans plusieurs de nos villes (Général DE SESMAISONS).

2. L'Assemblée Nationale avait constitué une administration dite du département composée de 36 membres élus pour 4 ans. La loi de pluviôse an VIII revint au système de l'intendant unique ou préfet et créa le secrétaire général et un arrêté du 17 ventôse attribuait aux sous-préfets l'héritage des subdélégués de districts. Le préfet avait près de lui un conseil de préfecture et un conseil général nommé par le pouvoir central.

9 lieues de rayon ou de 18 lieues sur 18, ce qui ferait 324 lieues de superficie; ce serait là un département territorial. Sur chaque côté de ce premier carré, j'en formerais un autre de la même étendue, et ainsi de suite jusqu'aux frontières les plus reculées. Il est visible qu'en approchant des frontières on n'aurait plus un carré parfait; mais on marquerait toujours, autant que possible, des espaces comprenant à peu près 324 lieues carrées. »

2° Mirabeau avait une conception toute différente : Il voyait clairement le danger de diviser le territoire d'une façon aussi géométrique, parce qu'il existait çà et là des endroits sans population. C'est pourquoi, s'appuyant sur une base numérique, il proposa de diviser la France en circonscriptions également peuplées, modifiables avec les variations de la population. Dans la pratique, il concluait à établir 120 divisions, alors que Touret n'en proposait que 86.

Un député du Dauphiné, Pison du Galland, proposa une troisième solution. Il savait combien il serait dangereux pour le pays, et pour l'essor de chaque province, d'avoir un département, celui de la capitale, beaucoup plus peuplé que les autres, alors que dans les provinces les individus demeureraient confinés dans des circonscriptions trop étroites. Il propose donc, pour établir une juste proportion entre les provinces et la capitale, de diviser le royaume en 36 départements, étant donné que Paris aurait 700,000 habitants dans le sien, et que la France comprenait environ 25 millions d'habitants. Il est intéressant de retenir ce qu'il dit alors et qui se trouve complètement d'accord avec notre conception.

Ainsi, vous le voyez, Messieurs, nous n'inventons rien, et les idées que nous préconisons avaient été déjà formulées par certains hommes de la Révolution. Pas plus qu'eux, nous ne voulons restaurer l'esprit provincial, mais simplement permettre à la Région de s'opposer à l'agglomération de la capitale; à la Province, de vivre, de conserver son indépendance vis-à-vis de cette agglomération qui va grossir encore quand les fortifications seront rasées et que Paris englobera la banlieue, et d'un seul coup s'annexera plusieurs centaines de milliers d'habitants.

Mais, je le répète, nous voulons conserver une France unifiée, et nous n'avons jamais pensé à proposer que dans telle ou telle région il y ait des tribunaux spéciaux ou des lois différentes.

Ce que nous voulons, c'est agrandir le cadre administratif. Mais dans chaque région les Assemblées auront des pouvoirs identiques. Si les Assemblées régionales, une fois constituées, veulent obtenir du Gouvernement des pouvoirs plus étendus, pour que la démocratie exerce sur ses affaires un contrôle plus direct, il faudra qu'elles obtiennent toutes ensemble cet accroissement de pouvoirs. C'est un point sur lequel je veux insister.

Lorsqu'après la Révolution le pouvoir fut pris par Napoléon I[er][1], celui-ci se préoccupa d'achever l'unification de la France, afin de la dominer pour en faire un instrument de conquête. Ce fut lui qui établit les préfets, leur donna les pouvoirs très étendus qu'ils possèdent encore, alors que les gouvernements révolutionnaires n'avaient pas pu ou voulu accroître au-

---

1. Si l'organisation départementale date en fait de 1789, ce n'est que par la loi du 24 janvier 1805 que le département acquit sa personnalité morale. Mais c'est la loi de pluviôse an VIII qui a créé le préfet en vertu de cette doctrine de Siéyès. « Délibérer est le fait de plusieurs, administrer est le fait d'un seul. »

tant que lui l'ingérence du pouvoir central dans la vie provinciale. C'est l'œuvre trop centralisatrice de l'Empire qui ne répond plus aux besoins et aux conceptions de notre époque que nous cherchons à atteindre aujourd'hui; nous croyons l'heure venue de décentraliser les services administratifs et d'accroître, pour vivifier le pays, l'autonomie des populations provinciales.

Pour cela, il faut tout d'abord agrandir les circonscriptions administratives. Sur ce point j'aurais besoin d'avoir votre avis. Nous ne pouvons pas prétendre que la France soit divisée en régions sans qu'il y ait une entente entre le pouvoir central et les habitants de la Région. Il faudrait trouver, pour faire une sage répartition, un texte de loi qui permît au pouvoir central de donner des indications précises aux populations ; que celles-ci puissent sanctionner ou repousser les propositions gouvernementales, sauf dans le cas où des intérêts particuliers s'opposeraient à des intérêts généraux que le Gouvernement est tenu de protéger. Nous allons nous trouver, il ne faut pas nous faire d'illusions, en opposition avec l'esprit particulariste des petites villes de province et de certaines préfectures, qui craindront d'être dépossédées de quelques-unes de leurs prérogatives. Certains fonctionnaires se montreront également rebelles à une extension administrative qui peut troubler leur quiétude, certains électeurs seront mal convaincus de l'utilité de cette modification.

Il faudra donc laisser à l'autorité supérieure le soin de définir à l'avance quelles sont les régions ou les centres de régions conseillés par elle.

Il y aurait différents moyens pour cela : on pourrait décider que les Chambres dresseraient elles-mêmes la carte des régions, ou laisser à l'initiative gouvernementale le soin de le faire [1].

Nous avons pensé qu'il était nécessaire, dans une œuvre aussi importante, que le Gouvernement s'entoure des conseils les plus éclairés. Nous avons proposé de constituer une Commission de douze membres ; cette Commission serait nommée par le Gouvernement. Elle déterminerait quels pourraient être les arrondissements noyaux sur lesquels se grouperaient ces régions [2].

[1] « La question électorale, qu'on y prenne garde, serait bientôt la cause de la fin de notre pays, aussi faut-il en finir avec elle et sans plus tarder, à sa place, mettre à l'ordre du jour la question économique qui, tout entière, reste à traiter sérieusement. »
« Associés l'un à l'autre, le Régionalisme et la Représentation professionnelle viennent à leur heure, ils se complètent ; par eux seuls, nous pourrons remédier à l'état de choses existant. » (M. Thierry, président de l'U. S. des commerçants et industriels de Bressuire. 6 avril 1913 à Angoulême.)

[2] Le texte de la 1re proposition dont il est question a été abandonné et remplacé par un nouveau. L'exposé des motifs de ce dernier se trouve en appendice.

III

LE RENDEMENT ÉCONOMIQUE
DE LA RÉGION

I

Messieurs [1],

Les principes de la proposition de loi déposée, il y a quelques mois, par plusieurs députés des Charentes, du Poitou et de la Dordogne et sur laquelle notre Ligue base sa propagande se résument aux suivants.

Il faut substituer aux départements des circonscriptions électives et administratives plus grandes, — des Régions. Il faut que les Assemblées régionales soient élues par les électeurs groupés, non plus selon la communauté de résidence mais selon la communauté professionnelle, afin de députer à ces Assemblées

1. Discours prononcé le 28 novembre 1913, à Bordeaux, à la salle de l'Athénée. Plus de 1.000 personnes avaient répondu à l'appel de la *Ligue de Représentation Professionnelle et d'Action Régionaliste*. On remarquait la présence de tous les représentants des groupements corporatifs de la Région, avec, à leur tête, MM. Guestier, Huyard, président et vice-président de la Chambre de commerce de Bordeaux, les présidents du Syndicat

des hommes compétents dans toutes les branches de l'activité sociale.

Je me bornerai à vous démontrer la nécessité de la première de ces propositions [1].

Entre autres bonnes raisons pour hâter l'agrandissement de nos conscriptions administratives et électives, les principales sont les suivantes : Adapter notre pays aux besoins économiques nouveaux engendrés par la fréquence et la rapidité des moyens de transport ; organiser l'exercice de la souveraineté nationale selon la véritable conception républicaine, pour faciliter le contrôle direct et permanent du peuple sur la direction des affaires publiques ; maintenir l'unité nationale et éviter les tendances séparatistes qui se manifesteraient si le pouvoir central n'entreprenait pas les réformes nécessaires pour harmoniser les institutions du pays avec les exigences du progrès, fût-ce même aux prix d'une diminution du nombre de ses attributions ; enfin enrichir le pays en permettant l'exploitation de ses richesses naturelles, et en même temps lui donner la possibilité de supporter les charges financières, justifiées par les intérêts nationaux et l'équité sociale.

Chacune de ces raisons mérite une étude attentive.

C'est une vérité évidente, mais à laquelle nous ne songeons peut-être pas assez souvent pour comprendre les réformes qui nous sont utiles, que la fréquence et la rapidité des moyens de transport, complétées par la facilité de la transmission de la pensée, ont occa-

de défense du port, du Syndicat de l'alimentation, de l'Union des syndicats agricoles, de la Chambre syndicale des employés, etc.

1. M. Robert de Jouvenel développa la seconde de ces propositions.

sionné dans notre état économique et social une révolution profonde. Les sociétés humaines deviennent toutes dépendantes les unes des autres. Nous vivons dans un monde nouveau, complètement différent de celui de la fin du dix-huitième siècle.

Il est caractérisé par une tendance générale à la concentration : concentration du travail, concentration des capitaux, concentration de la production, concentration des marchés, concentration des populations dans les villes, concentration d'intérêts généraux propres à des régions, et qui, en France, débordent chaque jour les minuscules divisions administratives que sont les départements. Comme corollaire à la tendance à la concentration, se manifeste la tendance à la spécialisation ; et de même que les industries se concentrent et se spécialisent, des contrées entières, parce qu'elles peuvent produire mieux et meilleur marché que d'autres certains objets, spécialisent leur production.

La France, par exemple, n'est plus un pays uniformément agricole comme avant la Révolution. Sous l'influence des conditions nouvelles, des régions se sont spécialisées : la Région houillère du Nord, la Région métallurgique de Nancy, celle de l'industrie électrique qui se trouve autour de Grenoble, le Midi viticole, pour n'en citer que quelques-unes.

Chaque Région spécialisée cherche à accroître les débouchés de ses produits, et les échanges commerciaux entre les divers pays du monde suivent une progression continue. Les matières premières, les aliments les plus essentiels mêmes, sont transportés à des milliers de kilomètres. L'extension des marchés accroît la concurrence, les luttes économiques embrassent d'immenses étendues et deviennent mondiales. Elles sont une des raisons de l'hostilité des peuples.

Pour qu'une nation se développe de façon à maintenir son rang dans l'activité universelle, il faut que chacune de ses parties, c'est-à-dire ses régions, s'aménage et s'outille pour triompher dans la lutte économique, et répondre immédiatement par des efforts nouveaux à ceux qui sont tentés dans les États concurrents.

Chaque Région doit, au risque de ne pas participer au mouvement mondial, s'efforcer de donner son maximum de rendement. L'activité humaine, les découvertes scientifiques en reculent chaque jour les bornes. Qu'ils soient regrettables ou non, qu'ils aient pour le développement des sociétés humaines des conséquences différemment appréciées, peu importe, ce sont là des faits dont l'homme est prisonnier, auxquels les sociétés ne peuvent échapper. Le progrès consiste à s'y adapter.

D'ailleurs, Messieurs, la constitution des régions ne heurte nullement le principe républicain du gouvernement du peuple par lui-même [1]. Il le facilite au contraire. L'exercice de la souveraineté populaire est d'autant plus aisé, que le contrôle du peuple s'exerce sur des objets plus rapprochés. Les idées des générations nouvelles évoluent en ce sens ; les hommes nés sous la République, instruits par elle, sont déjà affranchis des conceptions centralisatrices, léguées par les régimes déchus. Dans tous les partis, même parmi les socialistes, qui longtemps préconisèrent presque uniquement le socialisme d'État, des voix autorisées

1. C'est en annonçant au monde l'œuvre littéraire de Frédéric Mistral que Lamartine écrivait : « C'est le peuple qui doit sauver le peuple ! »

affirment la nécessité de l'organisation régionale des grands services d'intérêt public.

La multiplicité et la complexité des questions modernes, la promptitude avec laquelle elles doivent être résolues, font apparaître le danger de laisser à quelques-uns seulement, alors même qu'ils tiennent leurs pouvoirs de la collectivité, la gestion des intérêts collectifs étendus à l'unité nationale.

Sans briser cette unité, sans y porter atteinte, il faut cependant que la France maintienne sa place prépondérante dans le monde. La démocratie doit prendre hardiment conscience des réformes qui sont pour cela nécessaires ; l'opinion publique doit les préparer, le gouvernement les effectuer. L'unité nationale est assez fortement constituée, ses avantages sont assez apparents, le désir d'y demeurer attaché assez dominant pour qu'un agrandissement des circonscriptions administratives et électives, commandés par de nouveaux rapports économiques, n'apparaisse aux esprits avertis que comme une des conditions de maintien de cette unité.

Les Chambres, le pouvoir central demeurent les grands facteurs de l'unité nationale ; s'ils s'acquittent mal de leurs fonctions, si leurs membres se refusent à admettre l'évolution moderne, s'ils veulent maintenir, pour renforcer l'action gouvernementale, des divisions administratives qui ne conviennent pas aux besoins du temps, s'ils ne consentent pas à laisser résoudre par d'autres les questions auxquelles ils ne peuvent plus trouver ni de bonnes, ni de promptes solutions, alors ils seront atteints par la défaveur populaire et l'attachement au pouvoir central disparaissant, les idées séparatistes prendront aussitôt naissance.

Messieurs, le pouvoir central devient incapable de suffire aux tâches qu'il a assumées ; si l'on y regarde de près, les hommes ne sont guère fautifs, mais certaines institutions sont à réformer. Les questions qui se pressent en trop grand nombre au centre du gouvernement, leur complexité, font qu'elles sont rarement résolues, jamais avec promptitude, quand, à notre époque une des conditions du succès est cette promptitude même.

Des ministres fréquemment changés, irresponsables, contrôlés par des députés et des sénateurs irresponsables eux aussi, élus temporairement, ne peuvent suffire à assurer l'énorme besogne qui, dans un pays centralisé à l'excès, s'offre à leur activité ; une bureaucratie immuable s'interpose entre eux et la nation ; — peu intéressée à la bonne marche des affaires, jalouse de ses prérogatives, formaliste, tracassière, elle écarte, retarde ou accélère à son gré les questions qui doivent être étudiées par elle ; c'est l'inconvénient propre à tous les régimes centralisateurs, c'est un vice qui ne peut se guérir qu'en extrayant la cause du mal et en soustrayant à la direction du pouvoir central toutes les questions qui ne présentent pas d'intérêt national.

La crise parlementaire provient surtout des attributions trop nombreuses de nos Assemblées. Certes, elles doivent garder la puissance souveraine, mais sans diminuer l'unité légale de la France, elles peuvent réduire leurs attributions, ne pas conserver la décision des questions secondaires, inférieures à des questions nationales. L'esprit de ceux qui la composent en serait immédiatement modifié ; au lieu de se préoccuper de satisfaire les intérêts particuliers de leurs électeurs, ils pourraient consacrer plus de temps pour examiner, avec une indépendance plus grande, les questions d'intérêt national.

Alors que les intérêts économiques débordent le cadre trop étroit du département, alors que les Conseils généraux en tutelle ne manifestent plus qu'un semblant de vitalité, parce qu'ils deviennent impuissants à résoudre des questions qui dépassent leur sphère d'influence, les Assemblées nationales ne peuvent trouver le temps suffisant pour résoudre les questions que la loi et les faits leur départissent, il en résulte une gêne générale à laquelle il faut remédier sans tarder.

Les Régionalistes proposent le remède efficace, parce qu'ils s'inspirent des réalités de l'heure présente [1].

Ceux qui basent leurs arguments sur la nécessité d'adapter le pays aux conditions économiques nouvelles, dans le besoin logique de développer l'exercice de la souveraineté populaire, ne proposent nullement un retour aux idées du passé; ils réprouvent les idées séparatistes, ils ne veulent pas restaurer les anciennes provinces qui, après tout, n'étaient que des appellations géographiques avec leur infinie variété de coutumes et d'usages. Ils veulent que le Pouvoir cen-

1. La seule Assemblée locale ayant un budget et des attributions réellement importantes est le Conseil général, c'est-à-dire le conseil départemental. Réglées par la loi du 10 août 1871, dont le moins qu'on puisse dire c'est qu'elle fut élaborée au milieu de préoccupations douloureuses et à la hâte, ces Assemblées estiment elles-mêmes qu'elles doivent être modifiées. Le 7 août 1912, M. Steeg, ministre de l'Intérieur, sur la demande de M. Paul Meunier rapporteur, invitait les préfets à faire répondre à un questionnaire la Commission d'administration générale de la Chambre. A la session d'avril la plupart des Conseils généraux consultés se montrèrent favorables à une modification profonde de la loi.

tral, après avoir consulté, dans un vaste referendum, tous les corps constitués, tous les syndicats et les associations pour définir les limites des régions, prennent l'initiative de doter le pays de nouvelles divisions et, s'inspirant des mêmes principes que les Constituants qui, pour unifier la France, la divisèrent en subdivisions administratives, électives et économiques répondant aux besoins de leur époque, fasse, cent-vingt ans après, des divisions nouvelles qui répondent aux besoins du nôtre.

La réforme régionale est un aménagement nouveau, imposé par des besoins nouveaux, par la tendance à la concentration que je vous ai signalée au début de mon discours. Imposée par la volonté commune, faite par le pouvoir central, elle demeure une œuvre nationale. Mais songez-y bien, Messieurs, retardée par les forces conservatrices qui s'opposent à toute modification, la poussée régionaliste peut devenir une cause de destruction de cette unité, si le pouvoir central laisse partout des intérêts diverger, en dehors des limites du département, sans leur offrir le cadre électif et administratif qui leur convient.

L'unité économique de la France sera maintenue par le développement harmonieux de ses parties, son unité politique par des institutions qui conféreront à la décision de chacune de ses Assemblées les questions qu'elles peuvent résoudre avec compétence, après de fécondes discussions, dégagées de préoccupations subsidiaires. Aux Assemblées communales les affaires de la commune, aux Conseils d'arrondissement la décision des questions locales intéressant plusieurs communes ; mais c'est aux décisions de l'Assemblée régionale que reviennent les grandes questions d'intérêt régional, ainsi qu'aux Assemblées nationales le contrôle général et les décisions des seules questions d'intérêt national. Tel devrait être, Messieurs, le programme de tous les Français, quel que soit leur parti politique, pour placer chacun de ceux qui, en France, délibèrent sur les affaires publiques dans les meilleures conditions qui peuvent convenir à la clarté des discussions et au meilleur exercice de la souveraineté populaire, qui, résidant dans l'ensemble du peuple, leur est temporairement déléguée.

La concentration régionale tend à rassembler, socialement et économiquement, les hommes, non à maintenir la division de petits mondes fermés comme le furent, à cause des difficultés des transports, les pays de jadis. La pensée des régionalistes est faite d'unité, ils veulent rassembler sous une direction commune et sous la même impulsion tous les intérêts généraux, qui tendent de plus en plus à s'unir, ce par quoi, en satisfaisant les intérêts réels, apparents des régions, sans troubler l'ordre national, ils maintiennent mieux cette unité que les efforts stériles à résoudre d'une façon identique des questions variées.

Basant leur raisonnement sur des faits nouveaux, ils ne sont nullement rétrogrades, ils préparent un avenir adapté aux conditions économiques, aux conceptions sociales de leur temps.

Comme les rues étroites sont élargies pour livrer passage au trafic; comme les maisons sans air et sans lumière sont détruites, pour être remplacées par des édifices plus vastes et mieux éclairés; comme toutes les grandes villes, sous l'impulsion des municipalités actives, sont aménagées pour satisfaire aux besoins du présent; comme les enceintes qui les protégèrent autrefois et qui s'opposent aujourd'hui à leur expansion, tombent ; comme les limites de leurs octrois sont constamment reculées à mesure que l'agglomération se développe, ainsi doivent être reculées les limites de nos circonscriptions administratives et électives, afin que soient immédiatement entrepris, pour le plus grand bénéfice des villes et des territoires qui composeront les nouvelles régions, sous l'active impulsion des Assemblées régionales, tous les travaux indispensables à la mise en valeur des richesses nationales.

C'est une des conditions pour pouvoir payer nos impôts.

Messieurs, la question financière devient angoissante en France ; aux emprunts s'ajoutent un accroissement continu des dépenses, et cependant les budgets gonflés à l'excès ne peuvent participer aux dépenses de l'outillage national, et de plus, dès que l'État ouvre la bourse commune, il est aussitôt sollicité de toutes parts, et doit la refermer bien vite.

L'échec du projet Freycinet, celui du projet Baudin, sont ainsi facilement explicables. Si les secours financiers de l'État sont accordés, ce n'est qu'au prix de sollicitations nombreuses, de multiples démarches, et en échange d'un contrôle incessant et tracassier, qui paralyse la conception des travaux, et par des allocations parcimonieuses qui, échelonnées sur plusieurs années, retardent leur achèvement. Alors que l'État ne peut plus continuer à mettre en valeur le pays, il demande davantage aux contribuables.

Les tendances impérialistes des puissances européennes, les domaines coloniaux à défendre ou à conquérir, les interventions diplomatiques à appuyer, le besoin d'expansion des peuples populeux, la lutte économique, la maîtrise de la mer, contraignent les États européens à demeurer armés, tout au moins, même s'ils n'ont pas la pensée d'attaquer, pour défendre le sol national contre toute convoitise, et occasionnent des dépenses énormes. Celles-ci ne pourront être amoindries que si les barrières économiques disparaissent entre peuples voisins ; mais cet avenir ne peut être envisagé immédiatement.

D'autre part les dépenses sociales croissent sans cesse ; elles cherchent à remédier aux inégalités des conditions de la vie. L'État n'hésite pas à en assumer une partie et à mettre les autres à la charge des communes, ou à celle des industries.

Mais finalement c'est la collectivité qui paie, et ces dépenses ont pour conséquence immédiate le renchérissement du prix de la vie, et ne sont qu'une correction momentanée des maux qu'elles voudraient annihiler. De plus, en limitant la durée du travail et de l'effort, elles diminuent la puissance de production du pays et tarissent en partie la source de renouvellement continu de la richesse.

Je ne m'élève pas contre ces dépenses, mais je dis que si l'on veut y suffire, que les Français paient les impôts croissants sans en être accablés, il faut que la richesse augmente constamment. Or, la vraie richesse ne provient pas des arrérages des rentes, si importants soient-ils, qu'un pays reçoit des capitaux placés à l'Étranger [1], elle est dans l'effort de la production et dans l'activité des habitants. Les revenus du travail sont ceux de la prospérité véritable. Mais le travail ne demeure fructueux que si l'outillage national est constamment amélioré. Le développement économique d'un pays est soumis aux mêmes lois que celui

1. Les conférences de M. André Liesse en 1914-1915 au Conservatoire des Arts et Métiers ont apporté une confirmation nouvelle, par les faits exposés, de cette thèse.

des industries particulières ; ou il faut avoir à sa disposition une main-d'œuvre sans cesse accrue par un afflux de population nouveau, ou il faut remédier à la pénurie de la main-d'œuvre par le perfectionnement de l'outillage. Or, si l'État ne peut plus le faire, il faut que la Région le fasse, et pour cela il faut commencer par organiser la Région.

Organiser la Région, c'est, après l'avoir tracée, la doter, comme le département l'est aujourd'hui, d'un représentant du pouvoir central, et d'une Assemblée élue par le suffrage universel qui devra coopérer avec celui-ci à sa direction et à son administration. Alors même que les pouvoirs des Assemblées régionales seraient identiques à ceux des Conseils généraux, quelle profonde modification. Une Assemblée représentant des intérêts généraux étendus au besoin du temps, disposant d'un budget important, devient aussitôt agissante.

Nous verrons sous leur influence la vie provinciale se développer et contrebalancer l'absorption de toutes les énergies du pays par la capitale. Chaque région pourvoira à ses besoins spéciaux, connus et compris de ses représentants. Ce que l'État devient incapable de faire, ce que les initiatives communales, syndicales ou privées ne peuvent que partiellement entreprendre, à cause de la modicité de leurs ressources, sera amélioré et complété pàr les Assemblées régionales : — l'instruction professionnelle, répondant à des besoins si variés que l'État ne peut y pourvoir ; l'instruction agricole [1] qui, depuis que l'agriculture est devenue une science, doit être scientifiquement étudiée pour

1. Au bout de seize mois de guerre, il a fallu se préoccuper de l'organisation de comités d'action agricole !

chaque sol et pour chaque climat et différemment appliquée ; l'organisation financière des banques et des bourses régionales, qui doit retenir sur le sol de la province les capitaux amassés par l'épargne, pour qu'ils activent la mise en valeur du pays au lieu d'être centralisés dans les succursales des banques nationales, drainés vers Paris, et de là dirigés vers l'étranger. Nous verrons aussi les Universités affranchies du pouvoir central, recevant l'impulsion des Assemblées régionales, adapter leur enseignement, comme elles s'efforcent de le faire, aux besoins du pays, donner aux sciences théoriques, surtout aux sciences appliquées, dans une époque où la science hâte le développement économique, toute la part qui leur revient. Nous verrons enfin les grands travaux publics promptement conçus et exécutés. Cela est essentiel pour toutes les régions, qu'elles soient situées sur le littoral ou à l'intérieur du pays.

J'avais mieux saisi, je l'avoue, au début de nos conférences, l'intérêt qu'avait l'organisation régionale pour le développement des régions maritimes. Depuis je me suis rendu compte qu'elles ont une importance égale pour celles qui se constituent autour des grandes villes, centres d'échanges entre les plaines et les pays montagneux qui se sont élevés sur la périphérie du Plateau Central.

Les contrées intérieures ne peuvent exploiter les richesses de leur sol et de leur sous-sol si elles ne sont pas rattachées par des voies ferrées, surtout par des voies d'eau, moins coûteuses pour les transports des objets lourds, soit aux grandes lignes de trafic intérieur, soit aux ports les plus voisins. Le commerce actuel devient mondial, les mers sont les grandes voies d'échanges, ceux qui ne s'organisent pas pour les atteindre aisément sont placés en dehors du développement économique moderne.

Ces considérations tracent le rôle de l'Assemblée régionale, d'une Région maritime. Elle devra à la fois contribuer au développement de son port, tout en laissant à sa direction l'autonomie qu'elle réclame pour elle-même, organiser sur le territoire régional les grands travaux publics destinés à faciliter les communications de son Interland et à accroître aussi sa puissance d'exportation et d'importation, enfin s'entendre avec les Assemblées des régions voisines pour que les voies destinées aux transports des marchandises soient prolongées le plus loin possible dans l'intérieur des terres.

Il faut aux lignes maritimes modernes un fret lourd pour remplir les cales des grands navires ; la marchandise de luxe, d'un poids faible, supporte plus aisément les frais de transports par terre ; les ports qui ne peuvent ni recevoir ni exporter le fret pondéreux et volumineux ne peuvent offrir des chargements suffisants aux vastes navires qui parcourent les océans ; ils n'auront pas de lignes maritimes permanentes.

Bordeaux, qui eut autrefois le commerce des îles, celui des marchandises luxueuses, Bordeaux qui, placé à l'embouchure du grand fleuve aquitain et sur la grande route terrestre qui relie vers l'ouest le nord de la France au Midi et à l'Espagne, Bordeaux, qui par ses traditions historiques, sa position géographique, par l'activité, l'érudition, l'intelligence et les goûts artistiques de ses habitants, développés, dans le cours des siècles, par les trésors de goût qu'elle a amassés, est à la fois une capitale régionale et un port important, mais dont les bassins n'ouvrent pas directement sur la mer, et dont l'arrière-pays le plus proche est surtout agricole, Bordeaux, pour se maintenir à la hauteur de son rang passé, pour remplir le double but que la nature lui assigne, doit surmonter des difficultés plus grandes que d'autres villes.

Il s'y est employé de son mieux ; le trafic du port augmente depuis 1905, la progression en est remarquable. Tous savent l'énergie que sa Chambre de commerce a dû déployer pour obtenir le commencement des travaux nécessaires à l'aménagement moderne, non seulement du port de Bordeaux lui-même, mais de l'estuaire de la Gironde, ainsi que de son avant-port. Mais demain, lorsque ces travaux seront faits, d'autres deviendront nécessaires ; si les mêmes difficultés s'opposent à leur réalisation immédiate, c'est dix, quinze, vingt ans de perdus, le temps laissé aux ports concurrents pour s'organiser et détourner la clientèle vers d'autres pays.

Vous savez comment depuis 1895 un des plus grands ports de l'Europe septentrionale, qui en 1912 se classa le second après Hambourg avec plus de 12.000.000 de tonnes de trafic, Rotterdam, s'est développé avec ses propres ressources, sous la seule direction d'un comité placé sous le contrôle de la municipalité. A peine un bassin était-il aménagé, que l'accroissement du trafic en nécessitait un autre ; tout était prévu pour que des navires pussent se décharger promptement et reprendre aussitôt la mer. Cela n'a pas suffi, un vaste bassin de 310 hectares est en création, assez vaste pour que des chalands abordent les navires de haute mer, chargent et déchargent directement les marchandises. Auraient-ils pu réussir, si sans cesse l'État avait entravé leur initiative, les hommes hardis qui conçurent pareille entreprise ?

Pensez-vous, Messieurs, que vous pouvez attendre

de l'État, constamment sollicité de tous côtés, l'accomplissement de tous les travaux qui vont vous être indispensables ? Une Assemblée régionale peut seule encourager ceux qui ont entrepris le développement de votre port, fortifier et faciliter leurs efforts, les subventionner tout en leur donnant l'autonomie indispensable. Pendant que le port s'outillera, elle organisera son Interland dont sa prospérité dépend. Ce sera le canal de la Garonne à l'Adour qui, une fois construit, doublera la richesse des vastes landes qui s'étendent au sud de votre ville, permettant le développement d'industries par l'utilisation des sous-produits des pins ; ce sera la richesse minière des Pyrénées, ses marbres qui viendront aisément jusqu'à vous ; ce sera des efforts tentés pour rendre navigables plus en amont qu'elles ne le sont aujourd'hui les rivières comme l'Isle, la Dordogne et le Lot qui nouent vers Bordeaux leurs faisceaux et pourront drainer jusqu'à lui les richesses du Plateau Central ; ce sera enfin une amélioration considérable, sinon l'achèvement définitif livrant passage aux grands navires, des canaux reliant le golfe de Gascogne au golfe du Lion, et par leur prolongement naturel Bordeaux à Marseille, ouvrant aux chalands de 300 tonnes cette voie de navigation, faite il y a deux cents ans, qui n'a pas été améliorée depuis, permettant à une région voisine de la vôtre, celle de Toulouse, un développement nouveau dont vous bénéficierez en partie.

Il est temps de se mettre à l'ouvrage ; que les Français organisent leurs ports, leur commerce maritime, leur marine marchande ; les mers sont l'attraction des peuples ; pour livrer passage aux navires les continents sont disjoints ; après Suez, Panama s'ouvre ; toute la côte Ouest de l'Atlantique est rapprochée de la côte occidentale de l'Europe ; c'est pour vous, si votre port et votre Interland sont organisés, un accroissement de prospérité, aussi important peut-être que celui qui vous vint sous la période romaine, de l'occupation de l'Angleterre par les légions de Claude.

Pour cette vaste tâche économique, il faut des hommes compétents. Nous avons pensé atteindre ce résultat par un système de représentation professionnelle respectant les principes du suffrage universel ; M. Robert de Jouvenel dira aussi que c'est non dans les Assemblées nationales, mais dans les Assemblées régionales que les représentants des grandes catégories professionnelles doivent siéger.

Ce fut du moins l'avis des professionnels des Charentes et du Poitou [1].

La Ligue est fidèle aux principes de sa naissance, elle n'a pas de conceptions personnelles ; elle s'efforce, comme ses fondateurs l'ont fait dans les Charentes et le Poitou, de dégager des aspirations communes des Français qui travaillent, vers une organisation nouvelle, dans le cadre de la constitution républicaine, afin de réformer leurs institutions pour les adapter aux besoins modernes. Tous sont convoqués, syndicats patronaux comme syndicats ouvriers, industriels,

---

1. « A notre pays gêné dans son développement par les germes d'affaiblissement qu'il puise dans ces organismes usés et vieillis qu'on appelle les départements, il s'agit d'apporter le concours efficace de jeunes régions agissantes et fécondes. »

« Il s'agit, par la décentralisation administrative que l'organisation régionale rend possible, d'instituer l'ère des économies et du travail méthodique. »

« Il s'agit, enfin, par la représentation professionnelle, de substituer au règne des incompétences l'effort des plus dignes de chaque profession en vue de l'amélioration économique et sociale de notre patrie. » (MAURICE GUILLOT, Angoulême, 6 avril 1913.)

commerçants, fonctionnaires, membres des professions libérales.

J'espère, Messieurs, que vous répondrez à nos sollicitations, et que, prenant en considération l'appel d'une région voisine de la vôtre, avec qui vous avez des relations constantes, à laquelle vous êtes liés par une affinité de race, de caractère et de pensée, vous voudrez bien nous aider de vos conseils et de vos appuis dans la grande œuvre que nous avons entreprise pour la prospérité de la France.

II

Messieurs [1],

La proposition de loi sur laquelle nous basons notre action fut, vous le savez, l'œuvre de cette classe modeste, celle qui travaille, et qui, parce qu'elle travaille, a le sens pratique des choses, qui aux heures critiques apporta toujours à la France le secours de son énergie réformatrice, et que la République a préparée à la direction des affaires publiques, d'une part en répandant l'instruction, de l'autre en donnant la liberté syndicale.

1. La conférence donnée à Limoges par la *Ligue de Représentation Professionnelle et d'Action Régionaliste* a eu lieu le 16 novembre 1913. Y assistaient : MM. Ch. Lamy, président de la Chambre de commerce de Limoges, et des membres de cette Chambre ; M. Ruffio, président de la Fédération des Syndicats commerciaux ; M. Mandavy, président de la Ligue du commerce et de l'industrie de Limoges ; M. Gabiat, conseiller général, ancien député de Bellac ; M. Jean Labesse, ancien bâtonnier ; M. Pintou, président du Syndicat de l'épicerie ; M. J. du Boys, président du Syndicat des agriculteurs de la Haute-Vienne ; M. de Marcillac, président de l'Union des Syndicats agricoles du Périgord et du Limousin, et l'un des secrétaires généraux de la Ligue : MM. L. Comandon, président du Syndicat agricole de Jarnac-Segonzac ; de Roffignac, président du Syndicat agricole de La Rochefoucauld ; Maurice Guillot, avocat à Barbezieux ; Bonjean, président de la Société le « Berry » ; de Léobazel, du Syndicat agricole d'Argentat ; des délégués des groupes commerciaux de la Corrèze et de la Creuse, etc.

Messieurs, c'est un privilège de notre époque, non des moindres, que l'instruction soit accessible à tous. Un peuple instruit est apte à se gouverner lui-même ; il comprend le sens de son évolution, il aide à son accomplissement par les forces tendues de son intelligence, il transforme progressivement ses institutions, et évite ainsi le trouble des révolutions.

Certes, à d'autres époques de notre histoire, l'instruction fut aussi répandue, et à celle où notre pays fut le plus prospère, au Moyen âge, la population de France était instruite.

Quoi qu'il en soit, et c'est là l'essentiel, il se trouve que, à notre époque, grâce à l'instruction, dans toutes les classes de la société, même dans les plus modestes, des hommes existent à l'intelligence merveilleusement développée, ayant des conceptions larges susceptibles d'engendrer les idées générales qui, seules, peuvent être les idées directrices d'une démocratie. Ils constituent une opinion publique éclairée, précieuse régulatrice des gouvernements, garantie certaine de l'influence du peuple sur la direction de la Chose Publique. Les Républiques antiques, peuplées d'esclaves illettrés et sans capacités politiques, n'ont pas connu le mouvement profond d'opinion qui, émanant de la masse même du peuple, imprime une direction aux événements sur lesquels les hommes peuvent agir.

Celle-ci se forme, à notre époque, non seulement par l'observation des faits intérieurs, mais d'après la connaissance de l'ensemble des faits du monde et avec une sûreté d'autant plus grande et d'une façon d'autant plus complète que ces faits s'éclairent les uns par les autres.

La transmission de la pensée s'est affranchie du

temps et de l'espace ; celle-ci s'échange immédiatement, à tout moment, de tous les points du globe ; même les navires isolés sur l'Océan demeurent en communication directe avec tous les continents ; cet échange de nouvelles incessant et rapide achève l'œuvre accomplie par la révolution des moyens de transports.

Les sociétés, pas plus que les individus, ne vivent isolées les unes des autres ; comme elles sont dépendantes les unes des autres pour leur vie matérielle, elles se communiquent leurs vues philosophiques et leurs conceptions sociales, elles se pénètrent l'une l'autre, sont influencées par des idées communes, qui tendent à resserrer les liens de la solidarité humaine et à accroître les rapports pacifiques.

L'instruction, en faisant de ces idées, non l'apanage de quelques-uns, mais le bien du peuple entier, contribue à nouer entre les sociétés humaines des liens permanents, voulus par l'ensemble même de la société. Ces sentiments favorisent la tendance à la concentration que les lois économiques commandent et qui se manifestent entre les habitants d'un même pays comme entre les habitants de pays différents.

Et comme nous remarquons que dans l'unité nationale, les intérêts généraux, propres à ces régions, se concentrent malgré l'étroitesse des circonscriptions administratives qui voudraient fixer la vie dans leurs limites, nous constatons que les gouvernements, cédant à la poussée générale de l'esprit public, se concertent constamment pour des actions communes.

Ainsi, en Europe, des ententes conclues, en temps de paix, pour une longue durée groupent entre elles les principales puissances, afin de maintenir l'équilibre entre les forces maritimes et terrestres ; elles limitent, à cause de l'ampleur que prendrait un engagement, les risques d'un recours aux armes, et diminuent, par l'obligation de trouver une raison suffisante pour justifier la coopération des alliées, les chances de guerre européenne.

Bien plus, dans des pays en rivalités les uns avec les autres, où les peuples sont entraînés par la préparation de la défense nationale à des armements formidables, où des partis guerriers sont constamment en éveil, il y a cependant fusion des idées, interpénétration de la pensée, aspirations communes.

Une nouvelle façon de sentir et de comprendre, identique à tous les peuples, se manifeste, déborde des frontières et se généralise. C'est la grande poussée démocratique qui joue. Dans des civilisations qui tendent à s'unifier chaque jour davantage, les mêmes symptômes, les mêmes complications sociales se révèlent, les conditions de travail s'égalisent, les lois de concentration et de spécialisation produisent partout les mêmes effets sociaux, et partout l'union des travailleurs apparaît comme aussi la concentration des capitaux anonymes.

Le capital, qui met en œuvre le monde moderne, ne connaît pas de patrie ; il afflue là où il trouve l'intérêt le plus élevé avec le maximum de garantie. Ceux qui le combattent prennent leurs appuis là où ils se trouvent. C'est pourquoi se forme l'union internationale des travailleurs.

Capital anonyme et travail concentré ayant des intérêts opposés les uns aux autres, quoiqu'ils aient besoin de se prêter un mutuel appui, se recherchent dans la grande société humaine, et ignorent les limites des frontières. Quel que soit l'attachement à la race, à la langue, à l'histoire, à la tradition au sol qui prédispose le cœur de l'homme, dès sa naissance, aux sentiments patriotiques, l'évolution économique moderne, qui oppose les deux forces de la production sur des espaces plus grands qu'autrefois, entraînera chaque jour davantage les hommes à contracter des conventions, sans se soucier des limites des États.

Celles-ci, d'ailleurs, sont changeantes. Examinez la carte politique de l'Europe : de siècle en siècle, les frontières des États n'ont cessé de varier ; aussi, pas plus qu'elles ne furent immuables dans le passé, elles ne demeureront identiques à ce qu'elles sont aujourd'hui. Le monde marche, entraînant avec lui la rupture d'anciennes doctrines, bouleversant les faits pour créer de nouveaux états de choses ; et si aujourd'hui les péages et les douanes provinciales. qui divisaient la France il y a moins de deux siècles, nous apparaissent comme des entraves ridicules aux transactions intérieures, peut-être un jour les cloisons douanières qui divisent les États de l'Europe centrale ou occidentale paraîtront-elles aussi risibles à ceux qui vivront sur les terres européennes dans une communauté d'intérêts aussi grande que celle qui assemble aujourd'hui les Français entre eux.

Peut-être, à mesure que les peuples enfermés dans de grandes cloisons douanières, comme la Russie, les États-Unis d'Amérique et la Chine, se développeront, accroîtront leurs populations et leur puissance d'exportation, et modifieront par cela même les conditions économiques de l'Europe occidentale, nous paraîtra-t-il indispensable de faire, sur une large échelle, des réformes identiques à celles qui libérèrent les peuples de France au dix-huitième siècle, et les peuples d'Allemagne au dix-neuvième siècle, de toutes entraves douanières.

Si je tiens à vous signaler cet avenir quoiqu'il paraisse encore très éloigné de nous, ce n'est pas pour le préconiser en ce moment, mais c'est pour vous prouver que le régionalisme qui, sur une base territoriale plus étroite, procède de la même conception, d'un même besoin de concentration, participe de l'évolution moderne, et ne vise pas à des effets rétrogrades. Au contraire, il est l'avenir, il le prépare tout au moins en affirmant le présent. Sauf dans ses reviviscences sentimentales un peu puériles, il n'est fait que d'aspirations nouvelles ; il est déterminé par l'état de choses actuel. Il est le résultat d'un état de relativité nouveau.

Ce n'est pas parce que, sous la pression économique, notre démocratie, suffisamment instruite, comprenant la nécessité de pourvoir à la multiplicité et à la complexité de la vie moderne, sentant l'incapacité du pouvoir central à accomplir les tâches qu'il a assumées, éprouve le besoin de s'organiser elle-même selon la véritable conception républicaine, et veut, dans de nouvelles circonscriptions électives plus étendues que celles actuelles, exercer sur ses propres affaires un contrôle direct qu'elle pense à reconstituer les anciennes provinces, avec leurs entraves commerciales, à ressusciter leur infinie variété de coutumes et raviver l'esprit séparatiste que la Révolution qui marqua la fin de l'ancien régime a condamné pour toujours.

Un esprit nouveau s'affirme chaque jour; l'esprit économique revendique sa place et tend à se substituer à l'esprit politique; les Français veulent que leurs hommes d'État soient pris parmi ceux qui travaillent;

hommes d'État parce que, avant tout, ils aimeront l'action, et que, capables de saisir d'un coup d'œil les réformes indispensables, en comprenant la nécessité, ils tendront tous leurs efforts vers la prompte et complète organisation de la Démocratie.

III

Messieurs [1],

J'ai eu l'honneur, il y a quelques mois, d'exposer devant la Chambre qu'un double mouvement se manifestait en France : l'un, en faveur de l'extension des circonscriptions électives et administratives, et l'autre, en faveur de la Représentation professionnelle.

Depuis, il ne s'est presque pas passé de jour où, sous une forme quelconque, ces idées ne se soient imposées à l'attention publique.

L'une des preuves les plus éclatantes de leur succès est l'accueil que reçoit partout la *Ligue de Représentation professionnelle et d'Action régionaliste*.

Partout où ses conférenciers ont été : à Angoulême, à Narbonne, à Montpellier, à Nîmes, au Puy, à Fontgombaud, ils recrutèrent de nombreux partisans.

De toutes parts, les groupements professionnels

1. Le 26 octobre 1913, a eu lieu, à Lille, une réunion importante à laquelle étaient conviés tous les représentants des groupements professionnels de la Région parmi lesquels :

MM. Faucheur, président de la Chambre de commerce de Lille ; Nicolle, président de la Société industrielle ; Guilbaut, président du Comice agricole de Lille ; Mience, président de l'Union commerciale ; le président de la Chambre de commerce de Douai, etc.

demandent à la Ligue des orateurs. La presse de tous les partis, la presse provinciale comme la presse parisienne, lui apporte son concours, annonce ses réunions, en rend compte et met le problème à l'étude. Des enquêtes sont commencées, des articles de fond sont déjà publiés.

A être discutées, les idées préconisées par la Ligue progressent ; elles sont envisagées sur tous leurs angles ; les commentaires dont elles sont l'objet permettent de découvrir de nouveaux arguments en leur faveur. Elles sont aujourd'hui entre tous les Français l'objet d'une discussion générale. Bref, Messieurs, elles sont d'actualité.

Cependant, nul fait n'a contribué davantage, durant ces dernières semaines, à révéler l'existence du mouvement régional et la prépondérance que les intérêts économiques commencent à prendre sur les intérêts politiques, que le récent voyage du Président de la République dans le Limousin et dans le sud de la France.

Les départements semblent avoir disparu de la langue officielle ; la presse les ignore ; on ne parle plus que du Quercy, de la Marche, du Périgord, et tout à coup, il semble que le Limousin, groupé autour de la ville qui en est le centre le plus actif et la capitale féconde, Limoges, se soit révélé dans sa plénitude, non seulement à toute la France, mais au monde entier, peut-être même aux Limousins eux-mêmes.

La tendance à revendiquer son pays d'origine se retrouve chez tous, et le Président de la République ne manque pas une occasion de s'affirmer Lorrain, tandis que le Président du Conseil glorifie sa qualité de Béarnais.

Bref, le grand tourisme révèle le régionalisme. A

mesure que le voyage présidentiel se poursuit, le mouvement semble se préciser davantage.

C'est ainsi qu'à Toulouse, M. Cruppi, dans l'adresse faite au Président, affirme qu'il faut donner à chacun le moyen d'exercer ses facultés sur la terre même où il est né, pour augmenter l'apport particulier au trésor commun de la grande patrie.

« Vous vous proposez, dit-il au Président, de stimuler la vie régionale, de favoriser dans chaque province ce qui constitue sa vie distincte, originale, ses arts, ses industries, ses aptitudes particulières. » Voilà, Messieurs, du régionalisme, et du meilleur.

A Toulouse encore, le recteur de l'Université, faisant l'éloge d'un des maîtres, M. Sabatier, lauréat du prix Nobel, expose le rôle régional des Universités. M. Poincaré, qui fut autrefois ministre de l'Instruction publique, et qui contribua comme tel à donner aux Universités une certaine autonomie, déclare que c'est une pensée vraiment républicaine que de les libérer du pouvoir central et leur donner la souplesse indispensable pour que, connaissant les besoins d'une région, elles adaptent leur instruction à ses besoins mêmes.

Puis, c'est à Bordeaux, qui cherche à reprendre son rôle de capitale de l'Aquitaine, où l'élément économique représenté par la Chambre de commerce se joint au Conseil général, composé d'hommes politiques, pour offrir un banquet au Président, auquel non seulement les représentants du département de la Gironde sont invités, mais aussi les sénateurs et les députés de la grande Région du Sud-Ouest de la France, depuis le Béarn jusqu'à l'Angoumois, l'Aunis et la Saintonge.

Voilà des preuves certaines de l'esprit nouveau qui se révèle ; les idées que nous avions affirmé exister en germe sur toute l'étendue du pays se lèvent de toutes parts. Elles se reflètent d'ailleurs dans les comptes rendus des grands journaux.

Le Temps, dans un éditorial intitulé l' « Union pour le Travail », signale que les voyages de M. Poincaré auront eu le résultat immédiat de mettre les Français en face de leurs préoccupations régionales et de les détourner de tout ce qui ne les touche pas directement.

Le grand journal anglais *Le Times*, sous le titre « Les petites Patries », découvre la persistance d'une certaine autonomie provinciale, malgré le rouleau unificateur qui a passé sur la France et qui a cherché à niveler, d'une façon trop complète, les esprits et les caractères.

Il rappelle le mot célèbre de Walter Scott, que « si on enlevait à un Écossais les qualités qui font réellement de lui un Écossais, il ne resterait plus qu'un mauvais Anglais ».

Enfin, l'un des membres les plus en vue de la presse parisienne, l'un des rédacteurs en chef du *Matin*, M. Henry de Jouvenel, dégage la morale du voyage présidentiel dont il fut l'un des organisateurs.

Dans un article de tête, avec le talent et la profondeur de vue qui lui sont personnels, il sait faire ressortir les promesses que ce grand mouvement économique, compris chaque jour davantage dans les sphères politiques, peut engendrer pour la France.

L'esprit pratique, l'esprit qui comprend les nuances de la vie, qui sait que toutes les questions ne se présentent pas avec la rectitude et la similitude des problèmes mathématiques, revendique sa place et impose ses conceptions positives.

Il domine l'idéalogie déclamatoire, se substitue à ce qui fut autrefois notre esprit politique pur, esprit abstrait, esprit d'unification qu'un long atavisme semble imposer à tous les habitants de notre pays, parce que, depuis de longs siècles, depuis l'époque la plus florissante de notre histoire, le moyen âge, notre développement fut assuré en concentrant dans les mains de quelques hommes, au centre du Gouvernement, sous l'influence directe de la capitale, toutes les énergies du pays.

Cependant les nécessités économiques ne sont pas encore suffisamment comprises ni assez complètement appréciées.

Ce qui, à première vue, semble séduire dans l'idée régionaliste, c'est comme une reviviscence des souvenirs des pays d'autrefois, une sorte d'état sentimental qui tend à ramener chaque homme vers le berceau de ses origines, et comme disait hier Mistral « enracine la race au terroir des ancêtres », à lui faire évoquer, en une impression de poésie intime, les lieux qui l'ont vu naître, où sa famille s'est développée, où il a appris à comprendre, à aimer et à sentir dans le moule de la pensée ancestrale. Le sol natal, ses paysages, ses couleurs, son climat, façonnent les générations des hommes à leur guise et maintiennent longtemps même les expatriés sous leur dépendance. Chacun en sent la beauté incomprise du voyageur hâtif, et les horizons des campagnes brumeuses et des lourds nuages qui roulent leurs ombres épaisses sur l'étendue des plaines ont pour les hommes du Nord un charme comparable au brûlant soleil qui projette au sud de la Loire l'éblouissante lumière qui ravit les Méridionaux.

Le régionalisme sentimental s'attarde avec complaisance à l'étude de l'âme provinciale : toutes ces manifestations lui en paraissent touchantes, susceptibles de réveiller l'activité des artistes et de mettre les cœurs en liesse. Il veut voir refleurir l'art de la Province, ses coutumes, ses usages, imposer à la mode les costumes anciens, mais ce régionalisme sentimental, fait de souvenirs, n'a pas de puissance créatrice. Il n'a pas la force d'un régionalisme autrement plus puissant, le régionalisme économique qui, lui, engendré par des besoins nouveaux, doit dans un avenir prochain imposer à la France entière, pour la prospérité de ses habitants, les réformes que notre Ligue ne cesse de préconiser.

Messieurs, ce qui aide puissamment à ce mouvement, ce qui le fera triompher, c'est la pensée profondément républicaine dont il se trouve rempli ; le désir d'organiser la démocratie, d'asseoir d'une façon définitive le gouvernement du peuple par lui-même, de régler toutes choses dans l'État, les institutions comme les services administratifs, pour assurer d'une façon effective l'exercice, aussi complet que possible, de la souveraineté populaire et le contrôle permanent et direct de tous les citoyens sur la gestion des intérêts publics. Pour satisfaire cette ambition légitime, une démocratie aussi intelligente et aussi réfléchie que la nôtre doit être fatalement entraînée vers la refonte de ces institutions dans le cadre de la constitution qu'elle s'est donnée.

C'est même pour notre démocratie une nécessité absolue. En effet, la souveraineté populaire s'exerce par la délégation temporaire à quelques membres irresponsables de cette démocratie, et ceux-ci confient à leur tour à quelques-uns d'entre eux, irresponsables aussi, le pouvoir d'exécuter leurs décisions et de gouverner.

Le Gouvernement est donc placé, comme il convient, dans la dépendance directe du peuple, mais pour continuer à disposer de la puissance gouvernementale, il doit satisfaire également ceux qui détiennent la souveraineté populaire ; il se trouve donc naturellement conduit à répartir aussi également que possible les biens de la collectivité dont il a le pouvoir de disposer, éprouve une difficulté insurmontable à concentrer ses efforts là où cette concentration serait indispensable, ou bien il est enclin à ne distribuer ses faveurs qu'en annihilant, en retour, la puissance de contrôle et la libre initiative de ceux qui détiennent la souveraineté populaire.

Cet état de choses se complique de ce que, dans un État centralisé comme le nôtre, toute décision, tout contrôle appartient au pouvoir central ou à ses représentants ; les affaires en sont constamment entravées, le développement économique ne peut prendre son plein essor.

La démocratie ne peut parer à cet inconvénient qu'en poursuivant son organisation républicaine, c'est-à-dire en conférant légalement à chacune des Assemblées qu'elles nomment les attributions qui peuvent être exercées aisément par ces Assemblées ; ce pourquoi elle se trouve conduite à soustraire à la compétence des Assemblées nationales et aux décisions du pouvoir central toutes questions d'ordre général n'intéressant pas l'ensemble du peuple, et à les faire résoudre par des Assemblées de moindre importance n'exerçant leur pouvoir que sur une partie du territoire de l'État.

Chaque cellule doit s'organiser, avoir sa vie propre, pour contribuer, par sa vitalité, à la prospérité de l'organisme entier ; telle est la conséquence logique du gouvernement du peuple lui-même.

Messieurs, la génération qui atteint sa quarantième année et commence à marquer sa place dans l'opinion du pays, est presque tout entière profondément imprégnée de la conception républicaine, elle en désire ardemment la réalisation. Elle n'a pas eu, comme ses aînées, à distraire une partie de ses forces dans la lutte indispensable à l'établissement et au maintien de la République, mais elle ne comprend pas une démocratie qui persisterait à vivre dans les cadres établis par une monarchie ou un empire et sous une forme de centralisation qui fut imposée à notre pays, pour d'autres destinées, par des régimes autocratiques.

Et, comme elle s'écarte avec effroi de toute forme de gouvernement autocratique elle répudie aussi les conceptions centralisatrices qui lui furent léguées par eux, quels que soient ceux qui les reprennent.

C'est pourquoi elle se détourne d'une restauration monarchique ou impériale comme des doctrines abstraites du socialisme d'État qui, reprenant au profit de la collectivité, en les poussant jusqu'à leurs extrêmes limites, comme elles le furent sous la monarchie par Louis XIV, les conceptions centralisatrices, préconise l'absorption par l'État de toute l'activité et de la richesse sociales.

Cette génération comprend que, perdue dans l'unité nationale, les services socialisés échappent au contrôle direct et permanent du peuple ; elle redoute l'absorption par l'État de toutes les forces vives de la nation. Elle croit préférable de ne pas étendre à l'unité nationale, pour assurer une gestion meilleure et plus souple, la socialisation de la plupart des services publics, qui, nécessitée par les conditions de la vie moderne, peut, dans une organisation communale ou régionale, en s'adaptant aux besoins spéciaux et variés des habitants, mieux répondre aux fins pour lesquelles elle a été conçue.

Les théoriciens du socialisme d'État, imbus de l'esprit mathématique, lui apparaissent comme plus désireux de perpétuer les luttes de classes, que de développer la prospérité du pays.

Notre génération devient moins philosophique et plus pratique ; elle se préoccupe moins de la spéculation des esprits, mais elle entrevoit les causes du développement économique et sent la nécessité de maintenir à la France son rang parmi les autres États. Elle comprend la nécessité de faire vite, parce qu'elle a saisi que le monde évolue avec une promptitude et une rapidité qui déjouent les prévisions.

Dans la pratique, ces idées se traduisent par deux efforts différents : l'un, tendant à la réforme du mode électoral, l'autre, à l'agrandissement des circonscriptions électives et administratives.

Depuis trois années, Messieurs, ce fut l'objet de la Chambre de rechercher [1] pour ses membres, un nouveau mode d'élection qui dégagerait les représentants de la nation des préoccupations mesquines auxquelles l'étroitesse de la circonscription électorale semble les condamner sans rémission. Si un mode nouveau d'élection ne fut pas trouvé, c'est qu'il est malaisé à une Assemblée de se réformer elle-même, mais il n'en est pas moins vrai que la presque totalité des députés ont condamné leur mode d'élection, et qu'à de nombreux électeurs, quoiqu'ils en bénéficient parfois pour satisfaire leurs intérêts personnels, il apparaît également défectueux.

Peut-être la question n'a-t-elle pas été assez complètement posée et c'est pour cela qu'elle n'a pas été

---

1. La réforme électorale, et la réforme administrative sont liées entre elles, ont répondu la plupart des préfets à la récente enquête (1915) commencée par M. le Ministre de l'Intérieur.

résolue ; ce qui est de nature à modifier l'esprit des représentants de la nation, à faciliter leur tâche, à leur donner de leurs charges une compréhension plus haute, ce n'est pas tant, à mon avis, le mode de recrutement, que la modification des attributions de l'Assemblée nationale. Toute la crise parlementaire, toute la crise de l'État moderne en France est là.

Je ne veux pas dire qu'on réduise en quoi que ce soit la souveraineté des Assemblées nationales, ni leur droit de légiférer, mais il apparaît clairement que si l'on soustrayait à la discussion quotidienne de ces Assemblées les questions difficiles, minutieuses, d'intérêt général inférieur aux intérêts nationaux, les hommes qui les composent, n'ayant plus qu'à décider des grandes questions intéressant l'ensemble du pays seraient immédiatement dégagés de toutes préoccupations secondaires, quel que soit leur mode d'élection.

Toutefois, pour décider des questions d'intérêt général, que les Assemblées nationales n'auraient plus à résoudre, des Assemblées départementales ne peuvent plus suffire ; celles-ci sont trop nombreuses, la plupart représentent un trop petit nombre d'électeurs et les intérêts de tous les habitants débordent aujourd'hui le cadre du département.

Aussi, pour assurer une bonne gestion des affaires publiques, l'agrandissement des circonscriptions administratives et électives est une réforme indispensable. Elle l'est et pour les Français et pour le pouvoir central lui-même.

Les hommes chargés de présider aux destinées du pays doivent se rendre compte que, pour maintenir l'unité nationale, il faut qu'il y ait harmonie entre la vie administrative et la vie économique. Si le pouvoir central laisse, sans y prêter une attention suffisante, la révolution économique accomplir son œuvre en dehors de lui, s'il laisse tous les intérêts diverger, au delà de la circonscription administrative actuelle, dans un avenir prochain s'aggravera le mal dont nous souffrons depuis trop longtemps. L'unité de la France pourra demeurer apparente, mais elle cessera d'être réelle. Les circonscriptions administratives désuètes demeureront comme des vestiges du passé ; elles empêcheront par leur étroitesse le pouvoir central d'exercer l'action féconde qui doit être la sienne, créant ainsi un désaccord entre lui et les habitants du pays, ce qui deviendra promptement pour lui une cause de faiblesse.

Mais le pouvoir central doit plier ses services administratifs aux nécessités du temps. Il doit calquer les circonscriptions administratives sur les circonscriptions électives nouvelles tracées pour satisfaire aux besoins des habitants, et pour maintenir la coopération de ses représentants avec les élus du peuple, il est nécessaire que l'Assemblée trouve en face d'elle un représentant du pouvoir central exerçant son action sur le même ressort qu'elle-même.

Ce fut d'ailleurs la pensée des Constituants qui décidèrent la formation des départements pour rendre plus accessibles aux Français les représentants de l'administration et créer des circonscriptions électives normales.

Si le pouvoir central [1] ne se laisse pas guider, plus de cent vingt ans après, par les mêmes principes, s'il

---

1. « La France est un organisme malade qui présente une tête hypertrophiée et un corps atrophié, une tête fébrile et des membres atones. Que faut-il ? Désengager la tête et ranimer les membres, de façon à ce que la vie circule partout. » JEAN IZOULET, discours prononcé au banquet de l'Union amicale des Tarn-et-Garonnais de Paris, 1894.

refuse d'abandonner quelques-unes de ses prérogatives ou de sacrifier quelques intérêts particuliers, hostiles à tout changement, il ne comprend pas son rôle; il hésitera devant une réforme que les Constituants, avec la promptitude de décision qui les caractérisait, auraient accomplie dans l'heure.

Certes, les limites de ces Régions peuvent être discutées sur les confins, et cela est naturel; les intérêts agricoles, commerciaux, industriels, ne se superposent pas tous d'une façon identique; mais l'examen de la carte, l'étude détaillée des besoins économiques, révèlent l'existence d'une similitude d'intérêts.

Celle-ci se précise à mesure qu'on se rapproche du centre de la Région, c'est-à-dire de la ville qui l'anime, capitale économique exerçant sur tous les territoires et les villes qui l'environnent une suprématie intellectuelle, scientifique, financière et artistique.

Nul ne peut nier qu'autour de votre ville, Messieurs, comme autour de votre voisine Nancy, des régions économiques sont déjà formées.

Nous sommes ici sur une terre d'élection du régionalisme.

Les Flandres eurent, dans l'histoire, leur vie propre ; elles furent constituées autrefois, comme aujourd'hui la région du Nord, par l'alliance entre les villes industrielles et les terres nourricières qui leur sont contiguës au sud; elles retrouvent, de notre temps, grâce à l'exploitation de leurs bassins houillers, l'activité merveilleuse qu'elles eurent au moyen âge.

La découverte des immenses gisements de fer qui avoisinent Nancy et s'étendent jusqu'à Briey et Longwy, ont constitué tout récemment, autour de cette ville, une région nouvelle toute différente de l'ancienne Lorraine : la Lorraine industrielle qui, à

mesure qu'elle grandit, voit par ses progrès croître
sa solidarité avec la vôtre.

Nancy et Lille sont l'une et l'autre de véritables
capitales régionales et entre elles commence à s'effectuer un courant continu d'échanges et de voyageurs
qui poursuivent leur route, par des voies naturelles,
sans être détournés comme ils le furent trop souvent
jadis vers Paris.

Puisque des Régions existent, pour les développer
davantage, il faut les organiser [1].

Ce que doit être l'organisation régionale, je l'ai déjà
dit. Je voudrais examiner le rapport de cette organisation avec l'extension de notre commerce maritime
et l'accroissement de notre marine marchande.

Sans elle, malgré sa situation géographique, malgré l'étendue de ses côtes, malgré l'esprit d'entreprise
de ses marins, malgré la fertilité de son sol et les
trésors qu'il renferme, la France s'isolera du grand
trafic mondial ; elle demeurera comme si elle était
bordée de côtes escarpées, privée de toutes communications maritimes directes, ou sera constamment
obligée d'emprunter, pour répandre ses produits, des
lignes créées par d'autres nations, et ne pourra mettre
toutes ses richesses en valeur.

Il y a un siècle à peine, en effet, Messieurs, la vie
d'un continent ne réagissait pas sur celle d'un autre ;
les marchandises qui s'échangeaient par les mers
étaient peu pondéreuses et souvent d'un très grand

---

1. La Région n'est pas une création arbitraire et les géographes
l'ont admise depuis longtemps. Cf. l'article de M. VIDAL DE LA
BLACHE (*Revue de Paris*, 15 décembre 1910) et M. P. FONCIN.
« Les unités locales de la France ne seraient selon nous que
ces régions naturelles qui ont conservé le nom clair et net de
pays... » Cf. PIERRE FONCIN, *les Pays de France*. Paris, Colin, 1898,
in-12.

prix, rarement indispensables ; les navires étaient de faible tonnage ; ils voyageaient lentement, attendaient les vents opportuns, un pays qui, le long de ses côtes, leur offrait des havres favorables.

Les navires modernes sont immenses ; proportionnellement, un navire d'un grand tonnage occasionne des dépenses moindres qu'un vaisseau plus petit. Ils vont où ils veulent ; ils représentent un capital considérable ; ils s'usent vite et doivent être rapidement amortis ; ils doivent demeurer dans les ports le moins de temps possible ; ils doivent y trouver des quais assez étendus, un outillage assez moderne pour débarquer ou embarquer promptement marchandises et voyageurs, des bassins de radoub pour faire toutes réparations indispensables à leur bon entretien.

Il faut enfin que le courant d'échanges soit assez important pour nécessiter des escales et mieux encore, que le fret d'aller et le fret de retour, d'un port à un autre, soit assez considérable pour motiver des lignes directes, permanentes, les seules qui assurent à un port une très grande prospérité.

Il faut aussi — et la capacité des navires modernes le commande, — que ce fret soit volumineux et pondéreux ; la pacotille ne remplit pas les cales et ne rémunère pas les armateurs. C'est pourquoi il est nécessaire d'ajouter aux marchandises fournies par l'activité de la ville, développée autour du port, le fret lourd contenu dans tout l'hinterland.

Celui-ci ne peut parvenir aisément aux ports sans être grevé de frais de transport élevés, si un réseau de canaux sur les bords desquels se développent des industries ne plongent dans la profondeur de la Région et ne drainent vers ce port toutes les marchandises de la contrée.

Sans quelques grands ports, disposant d'un outillage moderne, exportant des marchandises lourdes puisées dans l'intérieur du pays, en important également, nous n'aurons pas de trafic régulier, pas de grands navires, en un mot pas de marine marchande digne de notre pays.

L'État centralisé ne peut, dans notre démocratie, réaliser cette œuvre ; il ne l'a pas pu dans le passé et il le pourra moins encore dans l'avenir. Nous n'avons qu'un moyen : donner aux Régions maritimes l'autonomie nécessaire pour organiser leur hinterland sous la direction d'Assemblées régionales, et laisser ces Assemblées, par une application du même principe, donner à la direction de leurs ports une autonomie suffisante pour qu'ils s'organisent eux-mêmes.

Je n'avance pas, vous le savez, Messieurs, une proposition que je ne puisse prouver. Le lamentable historique du vaste projet de travaux publics, conçu en 1874, qui porte le nom de « Projet Freycinet », qui voulut organiser les grandes lignes de navigation et les faire aboutir à des ports bien outillés, dont quelques travaux ont été seuls exécutés, confirme mon raisonnement.

L'État n'a cessé d'être assailli par des demandes partielles. Chaque circonscription électorale réclamait son port, pendant que les pays étrangers concentraient leurs efforts, faisaient de quelques ports merveilleusement outillés des têtes de lignes pour la grande navigation océanique. Sans citer les ports des îles britanniques, nous pouvons constater le développement surprenant d'Anvers et de Hambourg ; les dépenses n'ont pas été ménagées : en vingt ans, Anvers seul a dépensé plus de 125 millions, et l'Allemagne a doté son port de Hambourg de plus de 300 millions

Pendant ce temps-là, que faisait-on dans la Région la plus riche de France, celle qui paie en proportion la plus grande partie des impôts, la vôtre, Messieurs? Avez-vous pu faire creuser vos canaux, organiser votre grand port régional? Est-ce à moi à vous apprendre les sollicitations et les démarches que vous avez dû faire pour obtenir l'aménagement indispensable au Canal du Nord?

Inscrit au programme de 1879, après une enquête pour laquelle plus de dix-sept mille dépositions furent produites, le projet fut accepté en 1884, puis il est retiré faute d'argent; ce n'est qu'en 1901 que l'étude en est reprise et que, sous la pression de la Chambre de commerce de Douai, qui offrit de payer la moitié des dépenses, et la garantie offerte par la Chambre des Houillères de France portant sur la presque totalité de l'emprunt, que les premiers travaux ont été entrepris.

Ceux du canal du Nord-Est, qui est indispensable pour relier la région minière de Nancy à votre Bassin houiller, et ultérieurement faire communiquer les contrées industrielles du Nord et du Nord-Est avec Dunkerque qui, alors et alors seulement, pourra prendre rang parmi les grands ports du monde, sont-ils commencés?

Avez-vous réellement confiance dans le pouvoir central pour les entreprendre? Ses budgets lui permettent-ils d'achever de pareils travaux? Et si les députés et les sénateurs de toutes les régions de France se rendent compte qu'ils sont indispensables pour la mise en valeur de votre Région, et qu'ils soient votés par les Chambres, ne craignez-vous pas les lenteurs et les entraves des bureaux ministériels, les difficultés inextricables qui surgissent quand un projet, pour être exécuté, doit recevoir l'approbation de plu sieurs ministères ? Et, vous le savez, la direction des ports dépend de cinq ministères différents !

Ne craignez-vous pas l'opposition certaine, déguisée ou apparente, des Compagnies de chemins de fer qui, parce qu'elles ont leur siège dans la capitale et qu'elles ont lié partie avec les finances de l'État, sont toujours consultées pour savoir si la construction d'une voie concurrente, destinée à effectuer les transports à des prix inférieurs à elles, est utile ou non ?

Ne vous souvenez-vous pas de cette phrase inscrite dans un rapport du Sénat que « l'examen des conditions d'établissement d'un canal s'impose avec une plus grande nécessité, lorsque cette voie doit entrer en concurrence avec une voie ferrée faisant appel à la garantie d'intérêts, surtout s'il y a des doutes sur la possibilité de remboursement des avances faites par l'État » ?

Messieurs, il faut autre chose : il faut, comme vous avez commencé à le faire, sous l'influence des idées nouvelles imposées par l'allure nouvelle de la civilisation, que les habitants de chaque Région assurent eux-mêmes le développement régional ; et, pour éviter toute perte de temps, pour être prêt à recréer constamment l'outillage moderne d'un pays industriel, il faut organiser la Région, faire participer des hommes compétents à sa gestion.

Je voudrais insister sur la nécessité de faire constituer, par les membres de chaque profession, non des Assemblées consultatives, mais des Assemblées qui participent réellement à la direction des affaires publiques dans la Région.

Il me souvient, Messieurs, qu'il y a à peine une semaine, j'assistais à la séance de clôture des États Généraux du Tourisme.

Réunis à la Sorbonne, les délégués de tous les Syndicats d'initiative et de tous les Syndicats de touristes étaient venus de toutes les parties de la France, rechercher, dans une discussion commune, les moyens de coordonner leurs efforts dispersés pour donner un attrait nouveau à la vie provinciale et faire connaître la France aux voyageurs.

Le Président du Conseil prononça là, devant le Président de la République, un discours dont l'un des passages m'a profondément frappé.

Après avoir montré la portée des États généraux du Tourisme, il constatait de quels rendements étaient capables pour la prospérité du pays les efforts d'hommes assemblés sans distinction de professions, d'opinions ou de parti politique, puis il lui vint à la mémoire que quand les États généraux de 1789 furent obligés de passer de la proclamation des principes aux actes nécessaires, ils se transformèrent en Assemblée nationale.

Il le signala et il cita la réponse célèbre du duc de La Rochefoucauld-Liancourt, questionné par Louis XVI, qui pensait avoir devant lui une émeute : « Non, Sire, c'est une révolution ! »

Puis le Président du Conseil ajouta que le Gouvernement n'était en face ni d'une émeute, ni d'une révolution, mais qu'il était en face d'une évolution et d'une révélation dont il avait le devoir de comprendre la portée.

Je suis entièrement de cet avis, mais l'évolution économique réserve de nouvelles révélations, et les États généraux du Tourisme ne sont que l'une des premières manifestations de cette nouvelle façon de comprendre et de sentir que je vous ai signalée, du besoin de s'organiser pour s'adapter aux nécessités économiques.

D'autres suivront, entraînant avec elles des réformes profondes, et le jour n'est pas loin où les États généraux des grands intérêts économiques grouperont les représentants de toutes les grandes catégories professionnelles : agriculteurs, commerçants, industriels, membres de professions libérales, fonctionnaires même, pour discuter en commun, comme cela s'est fait dans les Charentes et dans le Poitou, la meilleure manière d'assurer le développement économique du pays et la meilleure forme de représentation des intérêts économiques.

Imprégnés des principes de la Révolution, comme les hommes de 1789, ils comprendront alors l'inutilité d'exposer des vœux, de soumettre des doléances, de remettre des cahiers ; ils voudront passer de l'affirmation de leur vitalité aux actes nécessaires et ils estimeront que, dans un monde économique nouveau, des représentants des intérêts économiques doivent participer réellement à la discussion des affaires publiques, non, comme nous l'avons toujours déconseillé, dans les Assemblées nationales, mais bien dans des Assemblées régionales qui ont à gérer les cellules économiques de la nation [1].

---

1. « Mais nous regardons endormis, hynoptisés devant tant de ressources inutilisées et nous profitons de ce qu'il y a beaucoup à faire chez nous pour envoyer nos capitaux outiller les ports d'Amérique. »

« Il faut remédier à un tel état de choses et adapter les cadres de notre vie nationale à nos besoins actuels, créer l'organisme souple où entreront des compétences dont le rôle exclusif sera de s'occuper des intérêts régionaux. »

« Elus en dehors de tout esprit de parti, ils échapperont facilement à l'action de la politique, leur élection ayant pour base la participation logique de toutes les branches de l'activité nationale à la direction des affaires régionales. » (Discours de M. Louis Cazaux, Toulouse, 1ᵉʳ février 1914.)

IV

LA RÉGION ET LES PROBLÈMES SOCIAUX

Messieurs [1],

Si, comme vous venez de l'entendre, le mot « régionalisme » est nouveau, il désigne cependant une ancienne façon de sentir; il exprime le désir qu'ont, dans un État centralisé, les habitants d'une partie de cet État de se grouper pour administrer leurs intérêts particuliers, conserver ou développer vis-à-vis du pouvoir central leur autonomie. Nous en trouvons des manifestations dans l'histoire de tous les peuples; mais, depuis quelques années, ceux qui étudient les transformations politiques et économiques du monde moderne signalent un accroissement du régionalisme; une des causes principales de son développement est une fréquentation plus grande entre les habitants d'une même région.

Les villages sont reliés entre eux par des chemins plus nombreux et meilleurs, leurs habitants entretiennent avec ceux des villes des rapports journaliers

1. Discours prononcé à Angoulême, le 28 juillet 1912.

facilités par les routes et les chemins de fer ; entre les grandes villes, les voies de communications se multiplient. Les habitants d'une même Région se voient constamment, échangent leurs idées, discutent leurs intérêts, et la région prend conscience d'elle-même.

En Europe, dans chaque unité nationale, le mouvement régionaliste est aisé à discerner.

Vous pouvez percevoir ses manifestations dans les États qui se sont récemment unifiés, tels que l'Allemagne et l'Italie, comme dans ceux qui, depuis longtemps, dépendent d'un gouvernement unique.

Vous le percevez en Espagne où, tout dernièrement, la question régionaliste a failli provoquer une crise ministérielle ; la province de Catalogne réclamait des franchises auxquelles le Gouvernement s'opposait. Les pays basques espagnols ont toujours conservé une certaine autonomie.

Dans le royaume uni de Grande-Bretagne, l'Irlande n'a cessé de poursuivre son rêve : le *home rule*. Elle veut se gouverner elle-même, discuter seule ses intérêts particuliers, ne se joindre à l'Angleterre que pour la discussion des intérêts généraux de l'Empire : le Gouvernement anglais, après une lutte de près d'un siècle, va céder à ses revendications. L'Écosse et les pays de Galles suivent l'exemple de l'Irlande et réclament, eux aussi, une autonomie partielle.

Les mêmes causes économiques qui fortifient le mouvement régionaliste permettent à certains peuples disparus de chercher à se reconstituer : tels les Finlandais et les Polonais. Partout se manifeste, dans des régions déterminées par la constitution du sol, les affinités de leurs habitants, la similitude des intérêts, le désir de se libérer du pouvoir central, d'accroître ou de conquérir la direction des affaires particulières. C'est un entraînement général. Le mouvement régionaliste n'est pas spécial à la France : les Français y viennent plus tard que d'autres peuples et, cependant, plus que d'autres ils ont besoin de contrebalancer la centralisation excessive qui paralyse l'effort des particuliers et risque de diminuer le rôle autrefois prépondérant de la France dans le monde [1].

Déjà, les gouvernements qui se succèdent nous avouent la nécessité de décentraliser les grands services publics. Retenons cet aveu : Toutes les administrations centrales sont engorgées, il faut les décongestionner [2]. Mais il existe entre la décentralisation et le

1. Le mouvement régional en Catalogne a précédé le nôtre dans son action et il vient encore de se manifester par la création d'écoles professionnelles nouvelles, particulières à certaines régions. C'est à Mauresa que furent proclamées les célèbres *bases* du régionalisme catalan.

2. « Ni les habitudes administratives, ni la législation, ni l'ensemble de nos traditions ne sont favorables en général, chez nous, à de larges initiatives régionales. Les pouvoirs publics les voient rarement de bon œil. Elles se heurtent aux obstacles que rencontre toute prétention intempestive et non classée; bien heureuses si, à force de compromissions, elles parviennent à se faire jour. Imaginez un personnage si bien ligotté qu'il peut à la rigueur se tenir debout mais qui ne saurait faire un pas sans béquilles. »

« C'est qu'on a oublié en France d'organiser la vie régionale. Nous avons assez foi, quant à nous, dans la puissance des causes économiques, pour croire que la nécessité d'un organisme approprié, c'est-à-dire de groupements régionaux, finira par s'imposer. »

« Si cet espoir se réalise, l'institution nouvelle ne tirera de vitalité que d'une large entente des questions économiques et du maniement libre des intérêts qui en dépendent. Une de ses principales raisons d'être sera de substituer l'esprit commercial à l'esprit administratif dans la conduite des affaires régionales. N'en craignons pas les effets sur l'esprit national : la Hollande jadis, la Belgique de nos jours, n'ont-elles pas trouvé leur vocation en s'érigeant en grandes maisons de commerce? » (P. VIDAL DE LA BLACHE, *Revue de Paris*, 15 décembre 1910.)

régionalisme une énorme différence. Par nature, un gouvernement ne renonce pas de lui-même à diminuer son champ d'action ; les directeurs et employés des ministères qui l'aident à administrer le pays soutiennent et encouragent cette tendance; le siège de l'administration gouvernementale peut être déplacé sans que l'ingérence gouvernementale soit diminuée.

Certains bureaux peuvent évacuer Paris, être installés en province sans que votre autonomie, le pouvoir de vous gouverner vous-mêmes soit accru.

Sans vous déclarer satisfaits par elles, il faut profiter des propositions gouvernementales relatives à la décentralisation. Toutefois, cherchez ailleurs des auxiliaires pour développer le mouvement régionaliste. Ils sont nombreux et le concours de tous est précieux.

Les uns s'enferment dans l'amour du passé, ils collectionnent d'anciens objets, des costumes traditionnels, les exposent dans les musées, et s'efforcent d'accroître l'intérêt que nous éprouvons pour la vie et l'art provincial d'autrefois.

D'autres, historiens, économistes, recherchent dans les documents tout ce qui a trait aux anciennes coutumes, aux mœurs, à la vie locale, et en écrivant l'histoire provinciale, refont la vraie histoire de France.

D'autres, pour s'exprimer, empruntent aux patois des mots moins usagés que ceux de la langue nationale et qui semblent plus forts et plus vrais. Nous aimons à lire leurs écrits parce que nous entendons dans leurs proses comme dans leurs vers résonner l'accent de notre région.

D'autres enfin, psychologues avertis, ont, en pur français, décrit l'âme régionale et ses différenciations;

ils ont étudié ses types et par leur talent les ont immortalisés, ou bien, impressionnés par les paysages ont, en les dépeignant, accru notre amour pour les sols et les horizons dont les formes et les couleurs nous sont familières [1].

Tous contribuent au développement du régionalisme, mais ils demeurent souvent trop artistes ou trop savants, et se contentent d'enluminer la marge de la page que vous tous, commerçants, agriculteurs, ouvriers, industriels, vous devez écrire vous-mêmes d'une main peut-être plus lourde, mais plus sûre.

D'autres sont des théoriciens, des précurseurs; comme les hardis cavaliers que les armées détachent devant elles, ils reconnaissent le terrain; ils vont de l'avant, s'enfoncent sur des territoires inconnus, poussent des reconnaissances et éclairent la marche de ceux qui les suivent.

Il y a quelques années, ils étaient peu nombreux, ils se sont groupés à Paris dans une toute petite chambre de quelques mètres carrés où l'on accède par un escalier étroit et en ont fait leur quartier général. A leur tête est M. Charles Brun, professeur au lycée de Chartres, dont je suis heureux de saluer devant vous l'infatigable activité et l'enthousiaste ardeur.

Ces hommes ont fait beaucoup; mais que peuvent des éclaireurs si le gros de l'armée ne les suit pas? Or, le gros de l'armée, c'est vous. On vous attend

---

1. « Ainsi, partout, actuellement, où les membres d'une profession cherchent à s'unir pour étudier et défendre leurs intérêts, le cadre départemental n'existe pas, mais c'est un cadre régional qui s'offre de lui-même pour le groupement ordonné des besoins, des aspirations, des intérêts. » (ALBERT NOLEL, Angoulême, 6 avril 1913.)

pour commencer l'action; vous êtes les forces nouvelles du pays, forces agissantes et indépendantes. Votre participation au mouvement est indispensable pour assurer le succès.

Les syndicats dont vous faites partie représentent des forces librement organisées; ils sont composés d'individus qui se sont trouvés las d'être isolés, qui ont compris qu'il était nécessaire de se grouper pour défendre leurs intérêts communs; ils n'ont pas reçu, comme d'autres corps constitués, l'investiture de l'État, mais de leur plein gré, subissant la poussée naturelle à leurs besoins, ils se sont réunis les uns aux autres.

C'est vous, Messieurs, qui, aujourd'hui, représentez ici cette force nouvelle, et c'est vous qui êtes ce gros de l'armée que nous voudrions entraîner à l'action.

Vous me permettrez d'appeler votre attention non pas sur les problèmes un peu étroits qui souvent motivent entre commerçants et agriculteurs, entre patrons et ouvriers, des discussions de détail, mais sur les transformations générales qui modifient profondément la situation économique de l'humanité et en particulier sur les grands courants de circulation mondiale dont l'intensité ne cesse de s'accroître.

Vous le savez, dans le sens de l'équateur, dans l'hémisphère nord, un grand courant de circulation est établi; l'Europe et l'Asie sont sillonnées de voies ferrées qui, pour la plupart, aboutissent à leurs différents ports, elles se prolongent par des voies maritimes qui transportent des voyageurs et marchandises sur les côtes d'Amérique; d'autres voies ferrées traversent le continent américain, et les navires qui unissent les côtes d'Asie et celles de l'Amérique complètent la boucle.

Il y a comme un enveloppement général du globe ; dans quelques mois l'ouverture du canal de Panama sera terminée : elle provoquera des répercussions de toutes sortes, impossibles à prévoir, mais développera sûrement la circulation maritime du globe.

Or, considérez les réseaux des chemins de fer européens, vous observerez très nettement que les lignes semblent toutes se briser à la frontière française et converger vers un point central : Paris, au lieu de suivre leur direction naturelle et de traverser la France pour gagner la mer, elles se détournent toutes sur Paris et ne rejoignent nos côtes de l'Atlantique et de la Manche qu'après avoir dévié vers la capitale.

L'étude des horaires décèle l'aggravation du mal ; dans la France entière, les communications ne sont faciles et rapides que pour les Parisiens, les trains n'ont une marche accélérée que s'ils se dirigent sur Paris ou s'en éloignent.

La centralisation des voies ferrées de France paralyse le développement du pays tout entier, détourne la circulation vers Paris, empêche les grands courants européens de continuer directement vers les côtes de l'Atlantique et celles de la Manche. Il y a, pour nous, nécessité absolue à lutter contre elle ; plus le mouvement régionaliste se développera, plus la vie économique provinciale prendra d'extension, mieux nous pourrons lutter contre l'excessive centralisation parisienne et prendre contact avec les grandes transformations économiques mondiales qu'il nous faut suivre pour augmenter la production de la France.

Que l'on considère le vaste problème de circulation mondiale ou que l'on envisage celui moins complexe de la circulation intérieure, mieux appropriée au développement du pays, il faut toujours revenir à l'organisation de la région. Or, jusqu'ici, sauf pour raccorder Paris au reste de la France, aucune conception d'ensemble n'a été étudiée. On ne peut le reprocher à personne.

Tous les problèmes de circulation intérieure qui se sont posés en France ont toujours été décomposés en 86 petits problèmes différents, étudiés dans 86 départements, malgré la création de commissions interdépartementales.

L'effort tenté par les Chambres de Commerce des grands ports pour les développer n'a pas été couronné d'un succès complet parce que dans le même but et dans le même temps, leur hinterland n'a pas été organisé logiquement. Seule une assemblée régionale peut discuter les intérêts régionaux et décider le meilleur réseau régional de canaux, de routes et de voies ferrées. Il est donc indispensable de constituer avant toute autre chose la région elle-même. Jamais on n'arrivera à faire circuler rapidement et économiquement les personnes ou les marchandises dans une région, si cette région n'est pas préalablement constituée.

Ce n'est un secret pour aucun de vous que notre marine marchande ne soutient plus la concurrence avec celle des autres nations, et que notre pavillon ne nous représente plus dans les ports étrangers.

Nous n'aurions peut-être pas trop à nous préoccuper de cet état de choses, si nous n'avions pas un grand littoral ; mais il faut songer que le développement de nos côtes est considérable sur trois mers différentes, la Manche, l'Atlantique, la Méditerranée. Notre situation géographique est telle que nous pouvons diriger directement nos navires vers l'isthme de Suez, vers la partie septentrionale de l'Europe et vers l'Amérique.

Notre situation est admirable, mais il est absolument nécessaire que nous répondions à l'appel des mers et que nous constituions, sur les côtes de nos pays, de grands ports.

Or, ces ports ne pourront vivre, se développer et égaler les grands ports étrangers que lorsqu'ils formeront, avec leur arrière-pays, une région. Nos ports doivent, pour se développer, recevoir ou armer des navires destinés à de grands parcours, non favoriser le cabotage. Il faut assurer aux vaisseaux de grand tonnage le fret d'aller et le fret de retour. Un port implique le développement de l'activité commerciale, industrielle et agricole de tout son hinterland.

Voilà pourquoi l'organisation de la Région nous permettra d'accroître notre marine et de rendre nos ports prospères. Mais l'organisation de la région présente d'autres avantages. La banque française, se modelant sur la centralisation du pays, a drainé vers Paris toute l'épargne de la France ; les banquiers sont obligés de surveiller avec grand soin cette épargne, de conseiller des placements sûrs ; ils se préoccupent de traiter en une seule fois le placement des sommes importantes, qui leur permettent, à l'aide de quelques opérations effectuées dans l'année, de déverser le surplus des capitaux de leur clientèle, et ils sont tout naturellement conduits à commanditer les grands travaux faits à l'étranger, les grands emprunts d'États ; la France se trouve ainsi contribuer au développement mondial. Sans doute elle est très riche, elle peut prêter de l'argent aux autres pays, et je ne veux pas lui en faire un reproche, car je considère que c'est le rôle humanitaire et social des pays riches de contribuer à l'amélioration des pays pauvres ; notre pays exerce, en facilitant la mise en valeur du monde entier, un rôle très honorable et retire de ses opérations de légitimes revenus.

Mais, si la France était divisée en régions, elle bénéficierait plus et mieux de l'œuvre faite par nos banquiers avec notre argent : de plus, une partie de cet argent pourrait servir à exécuter de grands travaux, destinés à mettre en valeur ces régions : les banquiers, qui ne peuvent prendre l'initiative de .ces grands travaux, les faciliteraient certainement, si une assemblée régionale demandait leur concours.

D'autres raisons militent en faveur du régionalisme : l'État centralisé a contracté, vis-à-vis des individus isolés, une lourde responsabilité, aussi a-t-il cherché à lui faire honneur.

Il s'est préoccupé de la situation des individus devenus trop âgés pour travailler, ou qui se trouvent contraints de chômer, lorsque leur métier subit une crise; il a dû également parer dans la mesure du possible aux accidents du travail : les parlementaires se sont mis à légiférer et se sont trouvés en présence d'un problème extrêmement complexe parce que le pays était unifié.

On vous le disait tout à l'heure, des jardiniers inexpérimentés ont dû donner les mêmes soins aux violettes qu'aux chrysanthèmes. Les lois sociales générales ne peuvent ni tenir compte du prix de la vie dans une région, ni du temps au bout duquel les forces d'un homme sont usées en raison du métier qu'il exerce.

Si les problèmes sociaux, au lieu de se poser pour l'ensemble de la nation, s'étaient posés régionalement et corporativement, on aurait trouvé des solutions plus faciles et plus équitables. Enfin, l'organisation régionaliste permettrait un règlement plus aisé des litiges entre le capital et le travail. Sans doute, il y aura toujours lutte entre le capital et le travail, entre les agriculteurs et les commerçants.

Toutes les forces fécondes du pays sont appelées à lutter les unes contre les autres : c'est la rançon de leur vitalité. Mais ce sont des luttes qui peuvent s'apaiser pacifiquement si des intelligences assez ouvertes vont au-devant des difficultés, au lieu de dresser les partis les uns contre les autres, s'efforcent de trouver un terrain d'entente.

Les fils d'une même région se connaissent entre eux, ils peuvent mieux parvenir à s'entendre; dans la Région, l'organisation professionnelle est plus facile à créer que dans la nation, et la bonne harmonie doit régner, sans que la cessation du travail vienne provoquer des ruines et engendrer la misère.

Supposez aussi que les mœurs venant à s'adoucir, on consente à trancher les litiges sociaux par l'arbitrage; dans une région, un homme qui sera connu de tous, dont tout le monde appréciera l'élévation d'idées et l'esprit de justice, pourra imposer avec plus de chance d'être écouté sa sentence arbitrale, qu'un délégué du pouvoir central venu de loin et étranger au pays.

En faveur du régionalisme et de l'organisation corporative, je pourrais vous donner beaucoup d'autres arguments, je me bornerai aujourd'hui aux deux suivants : Il faut, à tout prix, empêcher l'extension toujours croissante de la bureaucratie. Sans doute notre bureaucratie a fait merveille autrefois, mais elle se trouvait placée sous un contrôle plus sévère. Elle a été créée, il ne faut pas l'oublier, par les rois, puis fortifiée par Napoléon dont le génie se plaisait à centraliser. Elle était l'instrument de gouvernement d'hommes jouissant d'une grande autorité, non seulement sur le peuple tout entier; mais aussi sur ceux qu'ils employaient pour administrer ce peuple.

Mais à notre époque tout est changé; je ne suis pas de ceux qui refusent aux employés de l'État le droit de se syndiquer, je leur reconnais ce droit, comme je le reconnais à tous les Français.

Je ne trouve pas non plus que l'État doive traiter ses employés autrement qu'il n'exige des particuliers de traiter les leurs; j'estime que ceux qui se mettent au service de l'État ont vis-à-vis de celui-ci les mêmes droits et les mêmes devoirs qu'ils auraient vis-à-vis des particuliers s'ils étaient à leur service.

Pour lutter contre le favoritisme et les avancements injustifiés dus plus aux protections qu'au mérite, pour étudier en commun leurs intérêts particuliers, les fonctionnaires se sont organisés syndicalement, soit ouvertement, soit sous une forme détournée. Je ne trouve pas qu'ils soient à blâmer; il est, en tout cas, inutile de chercher à enrayer leur tendance vers l'organisation professionnelle. Mais ce que nous ne devons pas subir, c'est une bureaucratie organisée dans un pays centralisé. Nous devons réagir contre la centralisation et le syndicalisme de la bureaucratie, par le régionalisme, d'une part, et par notre organisation corporative, de l'autre.

Il est légitime que chacun dans sa sphère lutte pour ses intérêts particuliers, mais nous, libres citoyens d'un pays, nous ne pouvons pas admettre qu'une bureaucratie envahissante se concerte, augmente sa prépondérance et dispose à son gré de l'autorité qui lui est déléguée, cherche enfin à nous dicter ses lois.

Et ceci, Messieurs, m'amène tout naturellement à mon second argument et à vous signaler le grand péril qui s'offre à nous : c'est l'envahissement du socialisme d'État[1]. Or, rien ne prépare l'établissement du socialisme d'État comme la centralisation d'État.

C'est là une vérité évidente. Vous comprenez qu'il est plus facile de substituer, dans un État centralisé, la possession de l'État à la propriété particulière, et plus aisé d'accroître les fonctions de l'État dans un pays unifié, parmi des individus inorganisés, que dans des régions autonomes. L'État a eu de fortes raisons pour instituer certains monopoles, tels que les Postes, Télégraphes et Téléphones; il les possède, il est diffi cile de les lui retirer. Mais le rendement de travail obtenu par l'État industriel est mauvais, inférieur à celui que provoque la libre concurrence. Aussi, beaucoup de gens s'accordent, en France, pour trouver suffisant le nombre de monopoles. Ils éprouvent un certain effroi à la pensée que notre pays pourrait imiter l'Italie, où l'État tente d'absorber toutes les assurances du pays (vies, maladies, chômages, incendies, bétail, etc.), concentrer tous les risques au lieu de les diviser, et multiplier, par suite des engagements contractés, les difficultés en cas de crise nationale.

Pour nous défendre contre le socialisme d'État envahissant et menaçant, organisons la corporation et créons la Région.

La difficulté de gouverner et de diriger une région est moins grande que vous ne pouvez le penser.

1. Cf. dans *la Région*, n° 2, l'opinion de M. Jaurès, au lendemain de l'affaire Rochette.
...Les Assemblées régionales deviendront ainsi, par leur permanence même, par leur recrutement élargi, par leur mode d'élection régional et professionnel, les meilleurs collaborateurs du Parlement, en mettant à sa disposition l'**autorité** qu'une assemblée tire de sa *composition* et du *mandat* qu'elle tient de la collectivité. » (M. ROGER CLAUZY, secrétaire général du Comité Centre-Ouest Maritime. Angoulême, 6 avril 1913.)

Il y a, d'ailleurs, un exemple frappant : La ville qui a centralisé toute votre force, c'est Paris. Or, cette ville qui demeure le cœur de la France et semble vouloir mesurer goutte à goutte le sang à tout le pays, jouit d'une plus grande autonomie que les départements; Paris est administré par un Conseil municipal composé de quelques dizaines de membres qui gèrent un budget de plusieurs centaines de millions. Les Conseillers municipaux se réunissent fréquemment et entretiennent avec le Préfet de la Seine des rapports tout différents de ceux des Conseillers généraux avec les Préfets des départements.

Ceux-ci ne siègent que quelques jours; ils sont convoqués à des époques fixes par les Préfets, qui les dirigent un peu comme des enfants en tutelle. Sans cesse ils émettent des vœux, ce sont d'éternels soupirants. Ce n'est pas là la façon dont nous voudrions que nos affaires soient dirigées.

Il est facile, nous le voyons par l'exemple de la ville de Paris, d'assurer l'administration des intérêts de groupements de 3, 4 et 5 millions d'hommes par des assemblées relativement peu nombreuses, dont les membres appliquent leur intelligence et leurs connaissances à la direction des affaires publiques.

Nous ne saurions donc considérer comme difficile la constitution et le rôle d'une assemblée régionale. Je l'ai déjà dit, je la voudrais professionnelle, et je suis persuadé qu'on trouvera toujours en France, lorsqu'il s'agira de l'intérêt général, toutes les bonnes volontés nécessaires.

Ces bonnes volontés, ne les avons-nous pas trouvées aujourd'hui ? Ici, je vous dois un aveu. A Poitiers, l'autre jour, c'est avec une certaine timidité que j'ai exposé mes idées. Cependant, il m'a paru qu'elles avaient reçu un accueil assez favorable, pour que, lorsque MM. Comandon, Clauzy et Martin m'ont fait part de leur désir de vous convoquer aujourd'hui, je n'aie pas cru devoir m'y opposer : je les ai même encouragés, tant je crois nécessaire pour nous de passer à l'action.

Nous ne voulons pas semer le trouble, en provoquant dans la Région une agitation mauvaise, mais nous voulons mûrir ensemble les idées que je vous ai exposées. Certaines lettres d'excuses reçues par nous étaient conçues sous une forme décourageante, elles disaient en substance qu'il était inutile de venir à la réunion, car les idées corporatives et régionalistes n'étaient pas mûres. Or, qui discuterait ces idées, qui les ferait mûrir si ce n'est nous? La discussion est à l'idée ce que la chaleur est au fruit : elle complète sa maturité.

Quand nous les aurons étudiées ensemble et que nous les aurons précisées, nous nous efforcerons de les propager à travers le pays.

Nous sommes d'accord, nous voyons nettement les dangers qui nous menacent, dangers de la centralisation excessive, dangers de ne pas donner à la vie corporative, c'est-à-dire aux travailleurs organisés, la place qui leur revient légitimement.

Sur notre vieux sol gaulois, nos ancêtres, quand ils sentaient quelque menace, allumaient de grands feux; ces feux étaient aperçus des collines voisines et peu à peu, sur toute la surface de la Gaule, d'autres feux s'allumaient et propageaient l'alarme.

Aujourd'hui, n'hésitons pas, sur la roche d'Angoulême, allumons un grand feu; que chacun de nous apporte sa brindille pour l'alimenter, bientôt la flamme montera haute et claire, elle sera aperçue dans toute la Région. Puis, de proche en proche, d'autres feux s'allumeront et brilleront sur tous les sommets de France pour répondre à notre appel [1].

1. Après ce discours, les membres présents fondèrent le Comité du Centre-Ouest Maritime et décidèrent de tenir des réunions dans toutes les villes importantes de la région, ce qui fut fait.

DEUXIÈME PARTIE

ACTION PARLEMENTAIRE

LA RÉFORME RÉGIONALISTE

Messieurs [1],

Il est regrettable que l'honorable rapporteur du budget du ministère de l'Intérieur, M. Bouffandeau et la Commission du budget n'aient pas donné leur opinion motivée sur la réforme administrative.

Je sais qu'il ne nous reste pas le temps de réaliser cette réforme avant la fin de la législature, mais j'aurais voulu qu'un vote de principe indiquât sa nécessité. Elle seule peut, entre autres avantages, éviter la crise financière qui préoccupe tous les esprits et dont nous voyons les prodromes.

La France n'est peut-être pas un pays aussi riche qu'on le pense [2]. Certes sa richesse en capital, sa richesse acquise, celle qui provient de placements effectués à l'étranger, celle qui s'indique par des dépôts effectués dans les banques, est considérable. Mais un pays, pas plus qu'un particulier, ne doit s'illusionner

1. Discours prononcé le 19 février 1914, à la Chambre des députés.

2. Il est intéressant de noter les bilans des grandes banques allemandes publiés le 30 avril 1914 et qui marquaient un élan

sur la possession du capital. Le capital placé, acquis,
ne constitue pas la richesse de l'avenir. Celui qui se
forma il y a une vingtaine d'années a subi des dépré-
ciations considérables, celui qui se forme maintenant
en subira aussi.

Le capital est un objet de convoitise et pour les
États étrangers qui, en lui offrant des placements
tentateurs, s'efforcent de se l'approprier, et, dans tous
les pays, pour les législateurs, qui cherchent à l'atteindre à la fois directement et dans ses revenus pour
accroître les ressources financières dont la société a
besoin.

Certes, Messieurs, le capital facilite l'enrichissement,
mais il ne conserve pour une nation cette propriété
que s'il reste dans ce pays [1]. A quoi nous sert, à
nous Français, d'avoir contribué à mettre en valeur

formidable dans la hardiesse des capitaux employés tous à des
entreprises allemandes :

Deutsche Bank, 3.210.501.000 (dont plus de 263 millions de
comptes débiteurs non garantis).

Disconto Gesellschaft, 1.479.656.000.

Dresdner Bank, 1.875.158.000.

Bank für Handel und Ind, 1.233.858.000.

A Schaffausenscher Bankverein, 783.019.000.

National Bank, 527.479.000.

1. Les banques françaises reçoivent surtout d'importants
dépôts à vue qu'elles ne peuvent employer qu'en effets rapidement mobilisables (papiers de commerce à brève échéance) ou
en avance sur titres cotés. En outre elles placent des titres sur
lesquels elles n'ont aucun intérêt direct en général. Ce sont surtout des banques de commissions. Les banques allemandes s'intéressent directement à la plupart des affaires. Leurs avances sur
titres mêmes sont souvent des commandites déguisées. Tandis
qu'au début de la guerre les comptes débiteurs de nos quatre
grandes sociétés de crédit (Comptoir d'Escompte, Société générale, Crédit Lyonnais, Comptoir Industriel et Commercial) s'élevaient à 1 milliard 841 millions, pour les Banques allemandes,
ils s'élevaient à 3 milliards 642 millions. Ces seuls chiffres marquent la hardiesse des banques allemandes et il est à remarquer

presque tous les autres pays du monde, si nous ne nous outillons pas pour profiter de la richesse des marchés nouveaux ?

Qui est responsable de l'exode de nos capitaux ? Je ne crois pas que ce soient les grandes banques, les établissements de crédit seuls, qui cependant pompent jusque dans nos moindres villages l'épargne française ; je crois, Messieurs, que la faute en est surtout à nous qui, tout en sachant que c'est notre centralisation, sur laquelle tout se modèle en France, qui arrête l'essor économique du pays, nous refusons à prendre en main la hache pour saper l'échafaudage administratif élevé en d'autres siècles, le jeter bas, et sur l'heure reconstruire à nouveau.

Les Français sont comme des fils de famille qui ne se préoccupent pas de faire fructifier leur patrimoine, ils s'abandonnent aux facilités de l'existence et laissent à d'autres le soin de faire produire leurs capitaux et voient, sans assez d'émotion, croître tout autour d'eux des puissances enrichies par un travail plus intense qui risquent de les absorber.

Si les richesses de notre sol, les trésors de notre sous-sol, la façon dont nos cours d'eau sont disposés, la force qu'ils renferment, l'étendue de nos rivages, la facilité qu'ils offrent à l'établissement de ports, font de la France un pays merveilleux, la nation française ne possède pas cependant la grande source de richesse des sociétés modernes : l'accroissement con-

que ces débits sont consentis à des entreprises d'intérêt régional (usines, canaux, etc.).

Au 30 juin 1914, l'encaisse des quatre sociétés françaises accusait 616.700.000 francs contre 333.700.000 pour les six grandes banques allemandes. Soit près du double de disponibilités pour la France.

tinu de la population, si utile pour faire face à toutes les exigences de la vie moderne, peupler les villes, faire fonctionner les grands services publics sans que les travailleurs de la terre désertent pour cela en trop grand nombre les campagnes.

De plus, nous n'avons pas suppléé à ce manque d'accroissement de population par le développement de notre outillage national et par la diffusion de l'enseignement scientifique. Que vaudra, Messieurs, je vous le demande, que vaudra tout notre capital, égrené aux cinq parties du monde, comparé à l'atrophie économique que nous prépare notre manque d'adaptation aux conditions de la vie moderne ?

Que vaudra, dans quinze ou vingt ans, la richesse acquise, consolidée, disent certains ?

Que sera la France si elle ne s'est pas outillée économiquement, si elle n'a pas, prenant conscience du vaste problème qui s'offre à elle, fait avant toutes autres la plus indispensable des réformes, la réforme administrative ? Ne doit-elle pas immédiatement se réorganiser ? Pourra-t-elle, comme elle le prétend, soutenir toutes les charges de l'impérialisme passé sans participer au développement économique des autres démocraties ?

Comment, Messieurs ? c'est le problème financier tout entier qui se pose devant nous. Comment les habitants de ce pays, si riche et si généreux soient-ils, pourront-ils faire face à toutes les charges nouvelles, si la prospérité du pays ne s'accroît pas ?

Ce qu'il faut, c'est un accroissement continu de richesse, un développement de prospérité par la mise en valeur de toutes les ressources du pays, qui permettent à tous ceux qui travaillent de supporter allègrement les dépenses nécessaires à notre développement intérieur, comme à notre extérieur. Sans la réforme administrative cela n'est pas possible.

Il ne faut ni exagérer l'importance de la crise financière, ni la nier, mais pour savoir comment la résoudre, il faut comprendre qu'elle se complique d'une crise d'autorité et d'une crise parlementaire, toutes engendrées parce que nous vivons inertes, dans le moule de la centralisation à nous légué par les régimes déchus, sans avoir le courage de le briser.

Au surplus, l'inquiétude qui règne n'est faite que de cela, Messieurs, de la certitude que tous les Français sont en train d'acquérir que ni les principes républicains du gouvernement du peuple par lui-même, ni le développement économique, ni le besoin d'organiser collectivement la vie, ne peuvent s'accommoder d'une centralisation excessive forgée en d'autres temps par des autocrates, ni des principes administratifs et des circonscriptions administratives qui, créés pour remédier aux défauts de leur temps, ne satisfont pas aux nécessités actuelles et ne répondent plus à notre besoin d'autonomie.

La politique absorbe tout, les intérêts économiques ne peuvent se faire jour, telle est la plainte qui s'exhale de toutes les bouches.

C'est que, Messieurs, les conséquences de la révolution économique engendrée par la révolution des moyens de transports, complétée de la fréquence et de la rapidité de la transmission de la pensée, se dégagent aujourd'hui dans leur amplitude.

Elle modifie la conception que les citoyens s'étaient faite des charges, des droits et des responsabilités de l'État ; elle modifie également la conception qu'ont les citoyens sur leurs rapports entre eux, et fait apparaître avec une acuité plus grande le besoin d'organiser les rapports sociaux sur des bases collectives. Or, des intérêts collectifs inexistants autrefois ou incapables de s'affirmer se précisent. Ces intérêts collectifs ne sont pas spéciaux à une seule catégorie d'individus. Chaque individu en a plusieurs qui se superposent, c'est ce qui rend le problème délicat. Toutefois, ces intérêts collectifs émanent de deux provenances distinctes : la communauté de résidence et la communauté professionnelle. Les premiers se divisent en plusieurs catégories. Outre les intérêts collectifs communaux et les intérêts collectifs nationaux reconnus en France de longue date, il est aisé pour nous d'en distinguer d'autres qui débordent chaque jour le cadre de nos circonscriptions administratives minuscules des départements, ce sont les intérêts collectifs régionaux.

Ceux qui proviennent de la communauté professionnelle, soit d'une partie seulement, se groupent en usant du bénéfice de l'organisation syndicale, comme les deux grandes forces de notre société moderne, le capital et le travail se concentrent sans se préoccuper de limites, de frontières. Tous ces intérêts, quels qu'ils soient, se concentrent. Pour comprendre, Messieurs, les conditions sociales de la vie moderne, nos hommes d'État doivent prendre une vue générale, de ces courants d'intérêts collectifs qui se heurtent et se brisent les uns contre les autres, s'appellent ou se contrarient. Or, en France, il est une catégorie d'intérêts collectifs qui sont entièrement méconnus, ce sont les intérêts collectifs régionaux.

L'État centralisé ne peut y pourvoir, car il manque de souplesse et, de plus, il s'oppose à la constitution et à l'autonomie des collectivités secondaires qui veulent se former et s'organiser en vue d'administrer leurs intérêts collectifs.

Toús les reproches qui pèsent sur nous, Messieurs, proviennent de cet état de choses.

Rien ne peut se faire en France sans l'intervention du pouvoir central, ses décisions fixent les moindres détails de la vie.

Ce qui nous fait juger avec sévérité ce travail, ce n'est ni notre manque d'activité, ni notre manque de méthode, ni un vice dans notre mode d'élection, c'est que nous n'avons pas le courage de proclamer hautement que des assemblées régionales doivent faire ce que nous ne pouvons faire aujourd'hui.

La première réforme à exécuter, celle qui rendra au Parlement le respect qui lui est dû, est la réforme administrative et l'organisation régionale.

L'enquête que j'ai faite, en France, personnellement, à ce sujet me permet d'en porter à cette tribune l'assurance ; d'ailleurs un de ceux qui ont le plus contribué à propager les idées d'organisation régionale, M. Beauquier, l'affirmait devant moi à la commission de l'administration générale :

« Partout, disait-il, où j'ai soutenu ces idées, j'ai recueilli l'unanimité des suffrages, aucune contradiction ne m'a été opposée et j'ai été salué par les applaudissements de toute l'assemblée. »

Ce qu'on attend de nous, c'est que nous fassions une réforme assez complète pour placer toutes choses en l'état qui convient à notre époque et permettre à notre société un développement normal, fût-ce même au prix d'une diminution non du principe de notre souveraineté, de notre droit de légiférer, mais de l'étendue de nos attributions.

En effet, Messieurs, insensiblement, sous la poussée

des faits, sous la pression des réalités, nous devons avoir recours aux organisations collectives. Or, le Gouvernement et les Assemblées nationales en France ont dû prendre en mains l'organisation de presque tous les intérêts collectifs qui dépassaient le cadre communal. Nous n'avons pas eu, comme cela s'est produit dans la Confédération germanique, dans les États confédérés des États-Unis, dans tous les pays qui ne souffrent pas d'une centralisation excessive, à assurer seulement les services qui semblent dépendre sans conteste de l'exercice de la souveraineté, tels que l'ordre à l'intérieur du pays, la protection de son territoire, la direction de son empire colonial, la défense de ses nationaux à l'étranger, la conduite de ses affaires extérieures, l'exercice de la justice, nous avons dû nous préoccuper aussi de tout ce que les intérêts particuliers ne pouvaient plus organiser, tels que la culture des individus — car il est absolument nécessaire que chacun ait la possibilité de recevoir non seulement une culture générale, mais aussi une culture professionnelle — l'assistance aux vieillards, aux malades, aux infirmes, aux déshérités de la vie, à une époque où la vie familiale diminue et laisse les déshérités de la vie à la charge des sociétés, le développement des institutions de crédit, à une époque où ce crédit est indispensable à l'industriel comme au commerçant et à l'agriculteur, le service des transports, celui des biens comme celui des personnes, le transport de la force et enfin tout l'outillage national qui, si nous ne le faisons pas, placera tous les travailleurs du pays dans une situation déplorable au point de vue de la concurrence étrangère.

L'État, au fur et à mesure que les besoins nouveaux naissaient, s'est efforcé d'y faire face. Son budget s'en est trouvé très lourdement augmenté. Si nous avons aujourd'hui une si grande difficulté à examiner le budget, c'est non seulement qu'il se trouve grossi par les dépenses nationales, qui s'accroissent en raison de l'augmentation du prix de la vie, mais encore parce que nous devons examiner beaucoup de dépenses qui devaient être contrôlées et votées par des assemblées régionales.

Nous-mêmes alors, Messieurs, nous pourrions nous préoccuper davantage des idées et des questions générales qui devraient être les seules à être discutées par notre Assemblée.

Est-il vraiment si difficile de constituer avec les arrondissements qui se groupent naturellement autour des capitales régionales, distributrices du crédit, de l'initiative, foyer d'intelligence rayonnante, des régions nouvelles et de les substituer aux départements ?

Ne les voyez-vous pas se former sur la carte de France ? Elles demandent une vie légale. Et celles qui se constituent autour de grandes métropoles, comme Paris et Lyon, et celles qui se forment autour des villes placées sur la périphérie du Plateau Central les lieux d'échange entre les parties plus élevées et les pays moins escarpés, et celles qui s'appuient sur nos frontières et bordent nos côtes ?

Le seul moyen de développer la prospérité de notre pays est de donner une vie légale à ces Régions.

Alors même que l'État voudrait entreprendre de satisfaire tous les intérêts collectifs régionaux, pourrait-il le faire assez promptement ? Car, à notre époque, il est de toute importance non seulement que les choses soient faites, mais qu'elles soient faites avec promptitude ; c'est le gage certain du succès. Un travail exécuté avec une extrême lenteur devient inutile le jour où il est achevé; au contraire, un travail promptement exécuté par l'afflux de vie qu'il apporte en nécessite immédiatement un nouveau, et la prospérité de toute une Région en est la conséquence.

L'État ne doit pas contrarier la poussée naturelle des Régions de France. Ce faisant, il étouffe la vie qui veut se manifester librement, il atrophie le pays, la nation tout entière risque de périr par l'orgueil de ses dirigeants, leur désir de maintenir et d'accroître une autorité qui tue au lieu de féconder.

Il faut non seulement faire des Régions, mais il faut y organiser des Assemblées régionales; il faut que ces Assemblées soient recrutées non pas sur la base de la communauté de résidence, mais sur la base de la communauté professionnelle, de telle façon que les hommes animés d'un esprit pratique, d'un esprit commercial, administrent les intérêts collectifs d'ordre économique des citoyens français : à une Assemblée nouvelle doit correspondre un nouveau système électoral ; le suffrage universel doit être organisé de telle façon que les représentants des grandes catégories professionnelles soient assurés de trouver place dans l'Assemblée.

Je considère que les intérêts collectifs des individus résultant de la communauté professionnelle doivent être défendus par les Syndicats, que les intérêts communaux doivent être administrés par des communes plus autonomes qu'elles ne le sont aujourd'hui, que les Assemblées nationales doivent conserver le pouvoir législatif, la direction des intérêts nationaux, le contrôle général, mais que tous les intérêts collectifs d'ordre économique doivent être administrés par les Assemblées régionales qu'il est indispensable de créer le plus tôt possible [1].

1. Le 24 août 1915, M. Jean Hennessy, à propos du vote de crédits concernant les sous-secrétariats de la Guerre, prit la parole et montra comment il importait de créer au moins cinq sous-secrétariats. On sait comment cette idée a été reprise, plus tard, par le Ministre de la Guerre.

II

LES CONSEILS CONSULTATIFS ÉCONOMIQUES

Messieurs [1],

La guerre a surpris la France avant que la réforme administrative ne fût faite. Souhaitée par beaucoup de bons esprits, elle rencontrait alors l'opposition d'intérêts particuliers qui pouvaient se croire immédiatement lésés par cette œuvre d'intérêt général. Après la guerre, l'heure sera propice pour faire cette réforme.

L'essor économique qu'il faudra donner à notre pays pour compenser les pertes humaines et matérielles, la possibilité que nous aurons de profiter de marchés nouveaux, le besoin de réparer nos finances, enfin le fait que les intérêts particuliers qui, durant la lutte gigantesque que nous soutenons aujourd'hui, auront presque tous cédé devant l'intérêt général,

[1]. Discours prononcé à la Chambre des députés le 16 septembre 1915, à propos de la demande de discussion immédiate de la proposition de résolution concernant la création de Conseils économiques par régions militaires dont le texte se trouve plus loin.

rendra cette réforme à la fois plus nécessaire et plus facile. D'ailleurs, n'est-ce pas trois mois après la conclusion du traité de Francfort que la dernière réforme administrative de la France fut votée en 1871 ?

Votre Commission de l'administration générale se préoccupe de ces considérations. Elle a déjà nommé une Sous-Commission pour étudier cette question, et cette Sous-Commission, à l'unanimité, s'est prononcée pour le principe de l'organisation régionale.

Ses études, j'en suis certain, seront terminées avant que les hostilités prennent fin : durant l'armistice, pendant lequel seront discutées les conditions de paix, la Chambre devra se saisir de cette question vitale pour la France.

Pour le moment, considérant seulement la nécessité de participer, dès maintenant, comme elle le doit, à l'organisation économique du pays, votre Commission d'administration générale se borne à vous proposer un projet beaucoup plus simple, immédiatement réalisable. Elle vous demande de voter le projet de résolution suivant :

« La Chambre invite le Gouvernement à préparer d'urgence, dans chaque région militaire, et pour la durée de la guerre, des Conseils consultatifs économiques régionaux. »

Le Gouvernement pourra les constituer sous la forme qui lui paraîtra la meilleure. Mais la Chambre me permettra de lui indiquer et les raisons qui ont déterminé la Commission à les proposer, et comment aussi elle comprend leur formation et leur fonctionnement.

Pour donner à la France son maximum de résistance économique, conserver l'or que nous détenons, il faut intensifier la production.

Avant la guerre, quoique la France exportât moins qu'elle n'importait, la balance était compensée par les revenus des capitaux placés à l'étranger et par les dépenses faites chez nous par les voyageurs étrangers qui, séduits par notre pays, y venaient en grand nombre et dépensaient largement.

Ces deux sources de revenus sont, l'une diminuée, l'autre complètement supprimée aujourd'hui. Par conséquent, pour que nous conservions jusqu'à la fin de la guerre l'or qui assure notre indépendance financière, quand des achats indispensables cependant aux besoins de notre armée, au ravitaillement de notre population civile ne peuvent être évités, il nous faut compenser ces importations par des exportations. Il faudrait même ultérieurement réduire le plus possible ces importations.

Dans un cas comme dans l'autre, le seul moyen est de produire davantage nous-mêmes.

Lorsqu'on envisage le vaste problème qui s'impose à nous, il faut admettre qu'au lieu d'agir, comme nous l'avons fait jusqu'ici, en riches improvisateurs, l'heure est venue de nous conduire en savants économes.

Oh ! messieurs, tous ceux qui aujourd'hui commencent à réfléchir aux questions économiques voient quelle est la difficulté de la tâche. Elle est d'autant plus malaisée que les questions économiques ont été presque systématiquement mises à l'écart des discussions publiques de ce pays, trop souvent on les a confondues avec les questions sociales.

Toutefois, la presse enfin s'en est emparée et, je dois lui rendre cette justice, le Gouvernement a fait en ce sens de nombreux efforts.

Mais que se passe-t-il lorsqu'un membre du Gouvernement, lorsqu'un représentant du Gouvernement dans la province, préfet ou sous-préfet, doit étudier une question économique ? Trouve-t-il autour de lui des conseils appropriés ? C'est presque au hasard qu'il consulte : tantôt un familier, tantôt celui qui a la patience de faire antichambre, tantôt celui qui a le plus d'entregent. Chacun lui parle dans un sens déterminé, car souvent il ne voit qu'un côté de la question.

Son interlocuteur, insuffisamment renseigné, n'a pas, après l'avoir consulté, des vues générales sur la question et la connaît rarement d'une façon complète.

Ce que votre Commission vous apporte aujourd'hui c'est une méthode. Cette méthode est la suivante : « Organiser officiellement la consultation des hommes compétents dans les cadres appropriés. »

Et, à son avis, il y en a deux importants : le cadre national et le cadre régional.

Pour étudier les questions d'intérêt national, des Comités ont été constitués ou sont en voie de formation ; celui de l'Intendance par exemple, où siègent des représentants des producteurs, réclamé depuis longtemps par notre Commission du budget, a reçu sa consécration officielle. Lorsque les pouvoirs des sous-secrétaires d'État à la guerre furent définis, notre collègue, M. Boret, demanda avec raison, dans son rapport sur le blé, qu'un Comité national comprenant des professionnels soit constitué pour étudier tout ce qui est nécessaire à cette denrée de première nécessité.

Le sous-secrétaire d'État de l'artillerie, M. Albert Thomas, a créé récemment le Comité des contrats où figurent des représentants des ingénieurs civils, donnant par là-même la garantie que les questions seront étudiées par des hommes compétents. Au fur et à mesure des besoins nouveaux, sous la pression des Commissions parlementaires et de l'opinion publique, il en sera créé d'autres.

Mais en outre de ces Comités nationaux, il faut aussi créer des Comités régionaux. C'est à votre Commission de l'administration générale qu'il appartient de les proposer. Cependant beaucoup disent : pourquoi, régionale et non départementale ? Puisque nous avons des unités administratives déjà constituées, n'est-ce pas suffisant ?

Non, messieurs. Notre époque, il faut enfin le reconnaître, est dominée par des lois nouvelles, engendrées principalement par la multiplicité et la rapidité des moyens de transport ; c'est la loi de concentration et la loi de spécialisation qui en est la conséquence : le cadre départemental est devenu trop petit, les intérêts économiques généraux le débordent de toutes parts. Plus tard, en faisant la réforme administrative, nous vous proposerons de définir les Régions nouvelles qui se sont concentrées autour des capitales régionales si aisées à marquer sur la carte de France ; mais étant donné qu'il faut agir vite, que nous sommes en état de guerre, votre Commission a pensé que la meilleure région pour placer en ce moment les Conseils consultatifs économiques régionaux était la région militaire. L'autorité militaire détient certains pouvoirs ; elle met à la disposition des travailleurs du pays les hommes des dépôts, les prisonniers, elle doit assurer les transports militaires, les prélèvements de l'Intendance ; aucune des autres régions existantes, telles que la Région judiciaire ou universitaire n'offre autant d'avantages.

Messieurs, les lois de concentration et de spécialisation ont dans le domaine économique d'autres conséquences que la formation régionale. Toutes les questions économiques assez simples autrefois sont aujourd'hui devenues très complexes. Il est impossible pour une bureaucratie, si bien intentionnée qu'elle soit, de les connaître et de les résoudre toutes; la bureaucratie d'un pays centralisée est, à notre période de développement économique, presque condamnée à l'impuissance, il faut donc associer les techniciens à la discussion des intérêts généraux du pays.

Permettez-moi de vous remémorer en les comparant l'un à l'autre le développement depuis le siècle dernier de la France avec celui de la Prusse et de l'Allemagne. Au moment où Napoléon signait la paix de Tilsitt, il achevait de centraliser la France d'une façon excessive ; faussant l'œuvre de l'Assemblée nationale et, profitant de l'individualisme pour asseoir son pouvoir despotique, il la plaçait tout entière sous sa domination. Tout au contraire, à l'autre bout de l'Europe, le roi de Prusse, Frédéric-Guillaume, qui devait dans des conditions particulièrement difficiles organiser une armée, achetait de ses sujets l'effort militaire par la concession de liberté : liberté civile, autonomie communale; réforme administrative.

Depuis lors, parallèlement à l'organisation militaire s'est développée très forte en Prusse, puis dans toute l'Allemagne, une organisation économique basée sur la coopération des groupements professionnels avec les Assemblées locales, régionales et les autorités civiles et militaires. Elle vaut à l'Allemagne, aujourd'hui, l'organisation industrielle de son armée, sa remarquable aptitude à appliquer les découvertes scientifiques, sa force de résistance économique. Enfin le Gouvernement allemand s'appuie sur les grandes associations professionnelles, industrielles ou agricoles, pour formuler de folles revendications territoriales.

En France, où nous sommes restés trop centralisés, et professionnellement presque inorganisés, au moment de la guerre, il nous faut faire un effort entier. Il faut appeler les professionnels à participer à la discussion des questions générales, nationales et régionales.

Voici comment nous comprenons la composition et le fonctionnement des Conseils consultatifs économiques régionaux : ils comprendraient d'abord des représentants de toutes les forces vives du pays, des producteurs, des transformateurs, des distributeurs, des transporteurs et des consommateurs groupés autour des représentants des autorités civiles et militaires ; enfin comme l'Intendance, pour pourvoir aux besoins de notre armée, fait dans chaque Région des prélèvements, il est naturel que siège aussi dans ces conseils un représentant de l'Intendance.

Comment tous ces représentants seront-ils nommés? Pour les premiers c'est simple : les représentants des autorités civiles et militaires de l'Intendance doivent être nommés par leurs chefs hiérarchiques; ceux des transporteurs pourront l'être par les compagnies de transport; dans les régions côtières, l'un d'entre eux pourrait être nommé par le sous-secrétaire d'État de la marine marchande. Pour les autres, je crois qu'il faudrait recourir au système électif. Oh ! nous ne nous faisons aucune illusion ; la chose est malaisée. Plus tard, j'en suis persuadé, quand la réforme administrative sera discutée, il sera possible d'organiser le suffrage universel en groupant les électeurs selon la communauté professionnelle et non plus selon la communauté de résidence, de telle manière qu'ils désignent pour les représenter aux Assemblées régionales, des hommes de toutes les catégories professionnelles (patrons et ouvriers) ; mais, en ce moment, le mode d'élection est fort difficile, la désignation par les bureaux des syndicats serait normale, mais notre organisation syndicale n'est pas encore suffisante. Si le Gouvernement entend recourir au système électif, ou plus exactement, faire désigner ces représentants par les membres d'une Assemblée déjà élue, il devra s'adresser à la seule Assemblée provinciale siégeant en permanence, c'est-à-dire à la Commission départementale.

Les Commissions départementales ne sont pas autre chose que les émanations des Conseils généraux.

Les lieux des réunions devront être fixés par le Gouvernement. Celui-ci devra désigner leurs présidents parmi l'un des préfets de la région.

Nous avons prévu également que ces conseils seraient de quarante membres environ et ceux-ci auraient le droit de s'adjoindre, quand ce sera nécessaire, des hommes compétents dans les questions à l'ordre du jour.

Il est bien entendu que ces Comités n'auront que des pouvoirs consultatifs. Leur rôle est double : régional et national. Ils devront renseigner les autorités civiles et militaires sur les questions économiques qui demanderaient à être précisées. Il s'agit de questions complexes puisque les conditions des industries grandes et petites et de la culture varient avec chaque Région.

L'organisation de la culture communale des terres

la distribution des engrais, la fixation de leurs prix, l'apport des matières premières pour l'industrie, la répartition de la main-d'œuvre civile et militaire, celle des réfugiés pourront être, par exemple, discutées par ces Comités régionaux en vue d'intensifier la production provinciale.

Mais un autre rôle leur incombera : celui de renseigner le Gouvernement dans l'étude des grandes questions économiques nationales. Lorsqu'elles se poseront, le Gouvernement devra leur envoyer des questionnaires auxquels elles devront répondre en tenant compte des besoins locaux.

Et, Monsieur le Président du Conseil, nous vous demandons aujourd'hui, non seulement de créer ces Comités mais aussi de correspondre directement avec eux. Nous croyons qu'à l'heure actuelle, au moment où la tâche nationale est si lourde, le Président du Conseil doit être l'excitateur de toutes les énergies nationales. Il y a pour les Français un double effort à faire ; derrière la génération qui combat, qui dépense sans compter son énergie et sa vie, il y a celle sur qui repose toute l'organisation intérieure du pays : elle ne doit pas être moins active. Le devoir du soldat, s'il est fait d'héroïsme, est simple, il n'a qu'à obéir. La population civile, elle, doit s'ingénier, si j'ose employer cette expression familière, pour faire le ménage de la nation [1].

Il faut aussi, Monsieur le Président du Conseil, que

1. Cf. l'article de l'*Information* du 4 janvier 1916, « Jeunesse et Réalisme », et le commentaire de cet article dans *l'Opinion*, 8 janvier 1916. Cf. l'article de M. Gustave Téry, « Vers l'Union sacrée » dans *l'Œuvre* du 8 janvier 1916, à propos des commentaires de MM. Maurras et Renaudel. L'article très réaliste et très idéaliste de M. Téry est à retenir, comme application.

vous vous souveniez de ceci : la génération engagée aux armées n'a pas la même mentalité que ses devancières. Elle n'est pas imprégnée d'idéalisme comme celle qui jusqu'à ce jour a gouverné la France ; c'est une génération positive : même avant la guerre elle s'attachait aux réalités et la rude guerre qui la virilise, qui est pour elle une école de solidarité et de réalités, développe en elle ses tendances naturelles : l'esprit d'association lui apparaît désormais indispensable et elle s'attache plus encore qu'auparavant à la discussion des faits et des idées positives. Certes, quand elle vous entend prononcer les mots d'idéal, de justice et de droit auxquels votre éloquence donne une portée plus grande et qui retentissent au front où la gloire se cueille, comme dans les chaumières où les héros se pleurent, elle redresse la tête, parce qu'elle est française, mais elle pense qu'il faut ajouter, à ces belles paroles, des actes.

L'acte qu'elle vous demande de faire aujourd'hui c'est de réorganiser la maison, de contribuer par la création d'organismes appropriés au développement de nos forces économiques.

Elle vous approuvera, si vous adoptez les Conseils économiques consultatifs régionaux, si vous donnez aux hommes compétents le moyen d'activer la vie provinciale.

Et plus tard, quand les deux générations se trouveront face à face elles se comprendront mieux si l'une peut dire à l'autre [1] :

1. Ce discours avait pour but d'appuyer la proposition de résolution déposée par M. Jean Hennessy le 22 juillet 1915 sous le numéro 1127. L'initiative venait de M. Jean Hennessy. La Commission lui en confia le rapport qu'il déposa quelques jours plus tard. Le discours est du 16 septembre 1915. A ce discours

« Pendant que vous vous battiez nous avons travaillé, et adoptant vos conceptions, pour assurer la victoire décisive, nous avons, selon vos vues, organisé économiquement le pays. »

M. Viviani alors Président du Conseil, répondit par une demande de retrait du projet, qui lui paraissait prématuré et qui simple en apparence, disait-il, soulevait de graves problèmes. Après cette réponse, il n'en parut pas moins à *l'Officiel* du 31 octobre, un décret signé du même ministre, instituant dans chaque région de corps d'armée de la zone de l'intérieur, un Comité consultatif d'action économique. Un décret du 3 décembre 1915 du ministre de la Guerre (*Officiel* du 5 décembre 1915) complétant le premier sur un point de détail.

Une instruction de M. Thierry, sous-secrétaire d'État à l'Intendance et au Ravitaillement (*Officiel*, 5 décembre 1915) reprenait pour l'appliquer la thèse soutenue par M. Jean Hennessy. Diverses circulaires du sous-secrétaire d'État au Ravitaillement et à l'Intendance reprenaient également les idées émises par Jean Hennessy dans le rapport et l'exposé des motifs qu'on trouvera à la fin du volume. Cf. circulaires du 25 décembre 1915 et circulaire du ministre de la Guerre du 22 décembre 1915 (*Officiel* du 31 décembre 1915.)

III

L'ENSEIGNEMENT RÉGIONAL
DE L'AGRICULTURE

MESSIEURS [1],

Le projet de loi sur l'enseignement professionnel de l'agriculture qui nous est soumis, vise un quadruple but : 1° le recrutement des professeurs ; 2° l'organisation de nos écoles agricoles ; 3° la vulgarisation de la science agricole ; 4° l'enseignement agricole aux jeunes filles et dans des écoles ménagères.

Lorsqu'on examine ce projet, on est frappé de la difficulté que l'État éprouve à organiser l'instruction professionnelle, parce que l'instruction professionnelle devrait être organisée par les Régions.

Lorsque la réforme administrative sera faite, lorsque des régions plus grandes que les départements actuels seront substituées à nos circonscriptions administratives, il sera alors beaucoup plus aisé de faire organiser par les assemblées régionales

1. Chambre des députés, 13 février 1914.

l'instruction professionnelle, non seulement pour l'agriculture, mais pour toutes les professions.

Toutefois, puisque cette réforme régionale n'est pas encore faite, il importe que nous étudiions comment l'État peut donner l'instruction agricole.

Je m'associe donc très volontiers au projet qui nous est soumis, à la condition qu'on ajoute aux différents systèmes d'écoles proposées, c'est-à-dire aux écoles nationales, aux écoles départementales et aux écoles communales ou d'arrondissement, des écoles régionales.

Pour bien comprendre la question, il est indispensable que nous examinions quelle est la condition actuelle des agriculteurs en France.

Je ne vous apprendrai rien, messieurs, en vous disant que l'agriculture, à notre époque, est devenue une véritable industrie. Depuis que la révolution des moyens de transport a profondément modifié les conditions économiques, l'agriculteur ne vit plus, comme autrefois, presque exclusivement du produit de la terre, il ne s'habille plus de la laine de ses moutons, et elles sont rares aujourd'hui les maisons où les vieilles filent encore leur quenouille. Il faut donc que l'agriculteur s'arrange pour faire rendre à la terre le plus de numéraire possible, parce que presque toujours aujourd'hui les produits de sa terre sont ramenés à la valeur d'échange, l'argent.

D'autre part, et sans entrer dans un long exposé sur la loi de concentration qui régit actuellement l'industrie et toute la vie économique, je veux vous signaler qu'elle a pour corollaire la spécialisation. Autrefois, chaque région de France s'efforçait de produire ce qui était nécessaire à la vie de ses propres habitants, villes et campagnes. Aujourd'hui, la question se pose tout différemment. Il faut arriver à cultiver sa terre de telle façon qu'on produise ce qu'on peut le mieux produire au meilleur marché possible.

Ces conditions générales mettent l'agriculteur dans une situation très difficile. Il ne peut plus, à l'heure actuelle, cultiver son sol avec profit sans être aidé, soutenu, éclairé, guidé par la science agricole. L'enseignement agricole, qui était utile en 1850, est devenu indispensable aujourd'hui, et si l'État ne s'efforce pas de fixer les règles de la science agricole et de les vulgariser, il est à craindre que notre agriculture ne puisse pas se développer comme elle le doit et que cette source si importante de richesses ne soit pas productive. Mais comment la science peut-elle aider l'agriculteur? Les règles de la science agricole ne sont pas fixes. Il est très malaisé de poser des principes agricoles certains, parce que les expériences scientifiques que l'on peut faire s'appliquent dans des milieux différents, dans des climats variés, sur des sols qui paraissent semblables et qui cependant ne le sont pas. De plus, il ne suffit pas d'étudier la culture scientifique d'une seule plante, il est nécessaire de conserver à la terre des qualités productives pour les plantes qui seront ensemencées ensuite.

C'est tout le problème agricole de l'assolement qui se pose et, vous le savez, l'assolement peut être de trois ans, neuf ans, douze ans même. La science agricole doit en tenir compte.

Les professeurs d'agriculture n'ont pas une tâche aussi aisée que ceux qui enseignent la chimie et la physique et qui peuvent prétendre que, dans des conditions identiques, l'expérience produira toujours les mêmes effets.

Il y a donc une difficulté considérable et nous allons

voir, si vous le voulez bien, très rapidement, comment l'État, en organisant l'enseignement professionnel agricole, entend résoudre cette difficulté.

Il a actuellement à sa disposition quatre écoles nationales : l'une de première classe, c'est l'Institut agronomique ; puis trois autres qui furent autrefois créées par la loi de 1848 et qui étaient des écoles régionales... En fait, existant avant 1848, mais qui n'étaient pas des écoles d'État.

Les écoles régionales furent, en 1848, transformées en écoles d'État et les écoles privées ou les écoles communales, en fermes-écoles ou en écoles pratiques.

La loi de 1848 prévoyait la création d'écoles régionales ; il en a été créé plusieurs, trois d'entre elles subsistent. Mais ces trois établissements sont devenus des écoles nationales qui se sont spécialisées.

L'une, celle de Grignon, donne un enseignement assez général, il est vrai ; l'autre, celle de Montpellier, s'est spécialisée dans l'enseignement et l'étude de l'exploitation des vignes du Midi. Enfin, l'école de Rennes s'est efforcée de se spécialiser soit dans l'hydraulique, soit dans l'élevage.

Ces écoles régionales sont devenues nationales et se sont spécialisées. Je ne les attaque nullement et je considère qu'on doit les laisser fonctionner. Mais elles ne suffisent pas. Ce qui est difficile, c'est d'organiser tout l'enseignement agricole. Le projet de loi de 1848 organisait l'instruction agricole à trois degrés : 1er degré, l'instruction supérieure ; 2e degré, l'instruction régionale ; 3e degré, l'instruction dans les fermes-écoles établies soit dans l'arrondissement, soit dans le département. Il faudrait revenir à cette proposition parce que, lorsqu'on enseigne l'agriculture, il faut avant toutes choses songer à donner aux propriétaires aux agriculteurs et à leurs fils des conseils pratiques appropriés à leurs besoins.

Voici ce que l'État a fait et veut continuer à faire. Il instruit ses professeurs d'agriculture dans deux ou trois écoles. Il fixe et enseigne donc une science agricole générale. Puis, il disperse par toute la France ces jeunes gens ainsi instruits, les uns comme professeurs départementaux d'agriculture, les autres comme professeurs dans les écoles.

Que voulez-vous que fassent ces jeunes gens, ayant une instruction agricole générale, lorsqu'ils arrivent dans des départements assez éloignés de l'endroit où ils ont reçu leur instruction agricole? Ils se trouvent d'abord dépaysés. Il faut qu'ils se rendent compte, par un effort personnel, des conditions agricoles de la région ; il faut qu'ils sachent quel est l'esprit des cultivateurs, qu'ils se rendent compte des défauts qui existent dans la région, afin que leur enseignement puisse provoquer une amélioration de la culture.

Si la proposition que je fais était adoptée, la situation se modifierait et il en résulterait un avantage très grand : un corps de professeurs régionaux étant constitué, on pourrait mieux adapter la science agricole aux besoins de chaque région, donner des règles pratiques. Je n'entends pas dire par là qu'il faille dans chaque région spécialiser une école dans la culture particulière, et faire comme à Montpellier une école exclusivement viticole, dans un pays de vignobles. Il faut, au contraire, que l'école régionale s'efforce de connaître toutes les cultures de la région et de rechercher la meilleure manière d'appliquer les règles générales de la science agricole à toutes les cultures régionales.

Voulez-vous un exemple? Prenons, si vous le voulez, la culture du blé. Il est certain qu'il y a des règles générales pour la culture du blé. Celui qui sème du blé dans des mauvaises terres, mal cultivées ou avec des engrais non appropriés, ne peut pas réussir. Mais il y a une très grande différence entre la culture du blé dans le Nord et la culture du blé dans le centre de la France : les mêmes espèces ne conviennent pas, l'époque des ensemencements est absolument différente. Il se pose aussi souvent une question très grave : convient-il à notre époque de conseiller aux propriétaires des terres qui ne peuvent donner de très grands rendements en blé, de continuer à les semencer de cette céréale ? Ne vaut-il pas mieux qu'ils cherchent à faire des cultures plus rémunératrices pour eux ?

Le professeur d'agriculture, à lui seul, dès qu'il arrive à son poste, doit résoudre toutes ces questions. Il n'y parvient qu'avec le temps, plusieurs années, mettons huit ou dix ans. Mais alors, s'il est bon, ce que je souhaite, il est probable qu'il recevra de l'avancement. Il ira dans une autre région et il faudra là qu'il recommence les mêmes études, alors que son successeur ne profitera nullement de l'expérience acquise par lui.

Vous voyez avec quel décousu notre enseignement agricole est forcément donné du moment qu'on ne part pas de ce principe, qu'il faut constituer un corps de professeurs régionaux.

Il faut se souvenir aussi que les professeurs ont à se perfectionner eux-mêmes ; la science agricole n'est pas la même qu'il y a dix ans, et dans vingt ans il est à prévoir qu'elle aura fait encore de grands progrès. Par conséquent, l'homme qui professe doit être en même temps un savant ; il faut qu'il fasse progresser la science qu'il enseigne. Comment voulez-vous que, dispersés dans toute la France, dans tous les départements, dans des écoles presque misérables, les professeurs d'agriculture aient le cœur à travailler sérieusement, à se livrer à des recherches intéressantes? quelques sujets d'élite seuls l'ont fait.

Si, au contraire, vous constituez une école régionale, auxquels seront rattachés tous les professeurs d'agriculture de la région, vous aurez là un foyer d'activité et d'intelligence agricoles. Faites pour les professeurs d'agriculture, si vous le voulez, ce que nous avons fait tout récemment pour les instituteurs, en donnant la nomination des instituteurs au recteur d'académie et considérez le directeur de la station agricole régionale comme une sorte de recteur de l'enseignement agricole dans le ressort de la région. Il y aura alors unité dans l'enseignement agricole. Les règles appropriées à chaque région seront fixées.

Lorsqu'un jeune professeur viendra dans la Région, il prendra sa place parmi les autres professeurs, il pourra bénéficier des études qu'ils auront faites au préalable et, fortifié par les conseils de ses collègues, il pourra, mieux que s'il demeurait isolé, participer au développement économique de la Région.

Il faut que l'enseignement soit aussi vulgarisé; et je veux bien admettre qu'on emploie pour le vulgariser les personnes qui se trouvent être sur place dans chaque commune, c'est-à-dire les instituteurs.

Mais le fait que nous confions à des instituteurs, c'est-à-dire à des hommes peu instruits en agriculture, ayant seulement quelques aperçus superficiels, le soin de vulgariser l'enseignement agricole, rend absolument nécessaire d'en fixer les principes généraux. Comment voulez-vous qu'un instituteur du Midi qui reçoit l'enseignement d'un professeur venu la veille du Nord puisse enseigner avec profit à ses élèves?

M. Plissonnier me disait, il y a un instant, qu'il était nécessaire avant tout d'organiser l'enseignement à la base et de le répandre dans la commune. Je suis d'accord avec lui, mais faites l'instruction régionale d'abord. Vos professeurs sauront alors beaucoup plus exactement ce qu'il convient de dire aux propriétaires et à leurs fils. Si ceux-ci ne sont pas instruits par des professeurs ayant une connaissance approfondie de leur sujet, connaissant les besoins de la Région, je doute qu'ils profitent de leurs leçons.

Le professeur d'agriculture a un autre rôle. Il faut enseigner la science agricole non seulement aux jeunes gens mais aussi aux hommes d'un certain âge qui possèdent des terres. En effet, il est à remarquer que nous ne pouvons pas attendre un progrès immédiat de l'instruction donnée aux jeunes gens de quatorze, quinze ou seize ans qui recevaient quelques notions d'agriculture. Lorsqu'ils prendront en main la direction des propriétés, ils auront de vingt-cinq à trente ans. Auront-ils beaucoup de souvenirs de la science agricole, qui leur aura été infusée d'une façon très générale?

N'est-il pas préférable, pour développer l'agriculture, de s'adresser non seulement aux jeunes gens, mais au pays tout entier, à tous ceux qui cultivent? Ne croyez-vous pas qu'on ait besoin de guider les agriculteurs, qui sont un peu hésitants, qui ne savent pas exactement quel progrès réaliser et quel conseil suivre? C'est eux qu'il faut instruire et vous y parviendrez si vous les associez à l'enseignement agricole. C'est une grande faute que les syndicats et les associations agricoles ont commise, jusqu'à ce jour, de ne pas se préoccuper suffisamment de l'instruction professionnelle. Il faut, en plaçant les représentants des syndicats auprès du directeur de l'école régionale, les faire participer à l'enseignement agricole. C'est dans les syndicats qu'il serait intéressant de faire faire des cours par les professeurs ; c'est dans un syndicat agricole qu'il faudrait les faire venir, afin qu'ils prennent contact avec les agriculteurs du pays, qu'ils causent avec eux, qu'ils se rendent compte des difficultés auxquelles ils se heurtent dans la Région.

Je vous demande de placer, auprès du directeur de l'école régionale, un conseil composé en partie de représentants des syndicats agricoles.

Cela n'existe pas, puisque l'école régionale n'existe pas encore.

Si, comme la Chambre me le dit de divers côtés, cela existe à l'état embryonnaire, je m'en félicite ; et puisque le principe a déjà été admis, je vous demande de l'étendre à l'école régionale.

Toute la question est là. Vous diffusez un enseignement national sans vous préoccuper des conditions régionales.

Tant que les professeurs ne se seront pas efforcés de connaître les besoins régionaux, ils n'arriveront pas à donner un bon enseignement agricole. Vous pourrez bien trouver, dans un département ou un arrondissement, un professeur particulièrement intelligent, mais vous ne ferez pas que la France entière soit bien cultivée.

Il faut que le corps enseignant comprenne non seulement les besoins agricoles du pays, mais aussi ses besoins économiques.

Nous serons placés d'ici quelque temps dans une

situation extrêmement difficile parce que nos campagnes vont se dépeupler.

Elles ne le sont certes pas encore au point que
toute culture soit devenue impossible, et que tout remède soit inefficace. Mais, si l'on ne se préoccupe pas
de trouver ces remèdes dès aujourd'hui, il peut arriver
que nos terres soient délaissées.

Certes, je ne suis pas de ceux qui se plaignent de
l'extension des villes. Les villes jouent un rôle économique extrêmement important et elles sont indispensables. Je ne crois pas non plus qu'il faille que les
terres soient extrêmement peuplées pour être très
bien cultivées. En tout cas, il est certain que nous
avons, en France, des territoires très peu peuplés,
qui sont admirablement cultivés. Mais il faut apprendre aux propriétaires les conditions dans lesquelles ils doivent se placer afin de faire payer ces
terres. Il faut leur enseigner que s'ils continuent à
cultiver des parcelles de terre, ils se trouvent placés
dans un état d'infériorité vis-à-vis de ceux qui cultivent de grandes étendues.

Si nous ne prenons pas les moyens d'inciter les
propriétaires à remembrer leurs terres, à faire des
échanges entre eux de telle façon que les parcelles
soient agrandies et puissent être cultivées avec des
frais moindres, les terres resteront incultes.

C'est la manière de suppléer au manque de main-
d'œuvre que de remembrer les terres et d'introduire
dans les exploitations agricoles, soit dans les grandes,
soit dans les petites, les machines agricoles — et je ne
dis pas seulement les machines à traction animées,
mais aussi les machines à traction mécanique.

Il faudrait que les propriétaires s'associent entre
eux pour acheter des moteurs afin de cultiver leurs

terres, sans quoi ils seront placés dans des conditions très défavorables.

Il n'est pas douteux que le petit propriétaire, qui a des parcelles à cultiver et qui est obligé d'aller dans une journée parfois d'une parcelle à l'autre, est placé dans une situation économique tout à fait mauvaise.

Nous devons dire à ce petit cultivateur qu'il est indispensable pour lui de faire des échanges, de réunir ses parcelles en un morceau assez grand pour être cultivé, que sinon il ne peut pas se tirer d'affaire. Je n'ai pas dit autre chose.

Plus ses champs sont grands, plus économiquement il peut les cultiver. Le grand propriétaire a, lui aussi, des difficultés à surmonter, mais sa culture se trouve facilitée du fait que, ses champs étant plus grands, il les cultive plus aisément. Faire produire la terre d'une façon intensive, c'est la seule manière de relever l'agriculture en France. Si nous ne cherchons pas cette culture intensive, l'agriculture se trouve placée dans une situation défavorable.

Il ne faut pas que nous nous réjouissions du revenu que les terres procurent par suite de l'enchérissement du prix de la vie; ce qui rapporte à un pays, c'est l'exportation qui vient balancer ses importations.

M. Plissonnier a écrit dans son rapport : il est étonnant qu'en France, qui est un pays agricole, où nous avons des terres de premier ordre, où nous pourrions faire, en plus de l'agriculture générale, de l'horticulture, du jardinage, de la culture maraîchère, de l'arboriculture, où nous pourrions faire les produits recherchés dans le monde entier, nos importations en matière agricole ont dépassé, en 1910, de quinze cents millions nos exportations.

Si nous ne nous préoccupons pas de cet état de

choses, au lieu de rester, comme nous croyons l'être, un pays très riche, nous verrons nos ressources décroître peu à peu vis-à-vis des autres pays... et même des pays industriels, qui savent organiser chez eux l'enseignement professionnel agricole, comme le Danemark, la Suisse, l'Allemagne, en particulier la Saxe. Dans tous ces pays, il y a un effort constant pour développer l'agriculture ; les professeurs d'agriculture aident les propriétaires, ils les font bénéficier de leur science. Ainsi, les propriétaires peuvent faire des expériences, et les faire de façon profitable.

Car enfin, messieurs, mettez-vous à la place d'un propriétaire qui n'a pas beaucoup de capitaux et à qui on suggère, un beau jour, en passant, sans en être certain, que telle expérience, ayant réussi dans le Nord, pourrait réussir dans le Midi. Il hésite à la tenter ; vous l'accusez de routine. Est-ce bien raisonnable ? Une expérience, en agriculture, est toujours une chose coûteuse. Pour faire de la culture intensive, il faut un capital plus élevé ; il faut acheter des machines, acheter des engrais ; et si, par hasard, l'année n'est pas propice, l'expérience, au lieu d'être simplement coûteuse, devient ruineuse pour le propriétaire. Donc, si vous donnez à un agriculteur un conseil sans avoir la certitude qu'il soit bon, ne vous étonnez pas s'il ne le suit pas.

Je vous en parle par expérience. Si vous êtes en mesure de donner des indications certaines, n'ayez aucun doute, l'agriculteur les mettra à profit. Mais ne trouvez pas mauvais qu'un agriculteur qui ne dispose que de faibles capitaux hésite à les engager pour un résultat aléatoire : il se contente tout bonnement de vivre au jour le jour, en faisant rendre à la terre ce que ses pères lui faisaient rendre autrefois par les mêmes procédés. Cela n'a rien de surprenant.

La faute en est à nous-mêmes, à nous État, qui nous refusons à admettre que l'instruction agricole doit être adaptée aux besoins de chaque région.

Si vous voulez bien, messieurs, accepter l'amendement que j'ai déposé, vous instituerez des écoles régionales et vous ne tomberez pas dans la faute commise en 1848. On avait alors décidé de diviser la France en régions culturales, de créer des régions. Mais on n'avait pas indiqué quelles régions et on n'avait pas mis toutes les charges de l'école régionale au budget de l'État. Il est impossible, dans notre organisation actuelle, que les départements s'unissent entre eux pour former des écoles régionales. Si l'État ne prend pas toutes les charges, ces écoles ne se feront pas. Si vous voulez assurer le succès de ces écoles, il faut qu'elles soient tout entières payées, soutenues, encouragées par l'État. Vous aurez ensuite la possibilité de faire rayonner dans la région, soit par les écoles de département, soit par les écoles d'arrondissement, soit par les écoles d'hiver ou par vos instituteurs, l'enseignement agricole qui convient à la région.

LA PRESSE

I

LA RÉGION [1]

La croissance de la *Ligue de Représentation professionnelle et d'Action régionaliste* a été si prompte, elle s'est étendue si heureusement sur toute la France, qu'un an seulement après sa naissance, la création d'un organe périodique s'impose à elle.

Il paraît aujourd'hui pour la première fois ; il a reçu le titre de *la Région*.

Il est destiné à être entre les adhérents de la Ligue un lien permanent, à faire converger leurs efforts vers un but nettement déterminé, à stimuler leur zèle en vulgarisant les exemples qu'ils se donnent, à rendre leur action continue.

Trop de bonnes volontés se dispersent aujourd'hui dans la recherche d'une adaptation meilleure de nos institutions aux besoins modernes ; des études encore inachevées sont interrompues, des tentatives sont abandonnées. Une action méthodique, fortifiée par des raisonnements dégagés de tout parti pris, basée sur l'étude des transformations économiques et des conditions nouvelles où elles placent les hommes,

1. Préface du journal *la Région*, n° 1, 15 juin 1914.

peut seule triompher de la force d'inertie qui s'oppose aux réformes et hâter leur conclusion.

Celles que nous préconisons, comme toutes celles qui placent l'intérêt général au-dessus du particulier, se heurtent à des résistances qui doivent être brisées. L'opinion publique, dans une démocratie comme la nôtre, une fois faite devient irrésistible et, comme le torrent gonflé des eaux d'orage, emporte tous les obstacles ; c'est donc elle qu'il faut conquérir, par la plume comme par la parole, et le journal se lit encore quand les orateurs se sont tus.

Dans *la Région* nous publierons des articles documentés par le « Bureau d'études » de la Ligue. Ils porteront sur toutes les questions qui nous intéressent comme par exemple les manifestations de la concentration économique, la formation des Régions françaises autour des grands centres provinciaux. Nous signalerons, au fur et à mesure qu'ils se révèleront par leurs abus, les excès de notre centralisation excessive et, comme nous suivrons avec attention tout ce qui, dans la presse périodique ou quotidienne, se rattache à nos idées, nous pourrons en présenter le résumé à nos lecteurs.

Enfin, nous porterons nos regards hors de France, nous nous efforcerons d'étudier comment des peuples moins idéalistes que le nôtre développent plus pratiquement leurs institutions, comment ils allient à l'esprit politique l'esprit commercial, pour mieux se préparer à la grande concurrence mondiale qui sera celle du siècle qui commence, et prenant là où elles se trouvent les idées de saine organisation sociale, nous les offrirons à la méditation de nos lecteurs.

Ceux-ci verront que partout les intérêts économiques dominent, que les individus demandent au pouvoir public l'organisation normale de la vie collective, que cette organisation devient si complexe et porte sur des objets si différents que, d'une part, elle doit être faite sur place par des Assemblées ou des corps autonomes et, d'autre part, qu'elle exige une participation continue à l'administration des intérêts collectifs d'hommes rompus aux questions pratiques. Double conséquence qui n'a cessé d'inspirer les fondateurs de la Ligue.

La Région doit être aussi un journal de combat. Les idées ne s'imposent à la masse qu'après des discussions qui écartent tous les doutes ; dès que la Ligue se fut signalée par ses réunions à l'attention publique, ses idées rencontrèrent des détracteurs ; ils ont des conceptions différentes.

Ceux-ci ont sur les choses des idées préconçues, les mots ont pour eux un sens trop étroit. Leur pensée paresseuse se refuse à tout examen approfondi d'une thèse qui ne peut se résumer en une phrase, ils discutent sans avoir complètement compris ; ils critiquent, jugent et condamnent sans étude. Ceux-là se refusent à la discussion parce qu'ils ont tout prévu ; leur esprit fertile a déjà pesé tous les arguments, estimé toutes les chances de succès ; à d'autres époques, ils les ont écartés par des arguments qui ne valent plus aujourd'hui.

Les uns, et pour le succès final ils sont peut-être les plus dangereux, affirment que la réforme, indispensable, disent-ils, au bien du pays, est vouée à l'insuccès. Ils ont les mêmes pensées que nous, mais ils aiment à les contempler jalousement à l'abri des regards indiscrets ; malheur à celui qui veut se dresser au-dessus de la haie dont ils entourent leur culture stérile ; l'action les effraie, éternels théoriciens, ils discutent sans connaître la joie des réalisations.

D'autres se préoccupent surtout de rattacher à la tradition une réforme imposée par les besoins du temps et prétendent qu'elle ne peut être accomplie que si notre constitution, notre régime même, sont modifiés. Au lieu de fixer l'avenir qui s'ouvre dans la lumineuse beauté des promesses, ils retournent sans cesse la tête pour retrouver le point de départ des directrices qu'ils ne veulent suivre qu'après avoir établi d'où elles procèdent. D'autres enfin, qui croient fermement que la cendre chaude de la lave est féconde, veulent des révolutions et non une évolution et refusent d'approuver ceux qui, pour éviter de bouleverser toutes choses, s'efforcent de transformer.

Nous ne nous associerons ni aux uns ni aux autres; nous avons la certitude que la démocratie française peut évoluer et s'organiser sans trouble, en respectant la constitution républicaine. Mais, d'où qu'elle vienne, nous ne refuserons aucune polémique, conduite avec mesure, recherchée de bonne foi.

Enfin, la Direction de ce journal fera, de temps à autre, appel à des plumes étrangères à sa rédaction. Il faut que des collaborateurs venus du dehors apportent à nos lecteurs des aperçus nouveaux. M. Maurice Colrat signera le premier de ces articles; nos lecteurs voient que, parmi les écrivains de talent, nous prenons les meilleurs et, parmi les penseurs les mieux avertis de notre époque, les plus subtils.

Tel est le plan général de ceux qui fondent ce journal; il marque un pas de plus vers *la réalisation des réformes* qui se sont précisées avec tant de clarté dans les belles assemblées régionales où, tant de fois, j'ai eu l'honneur de prendre la parole. Il est salué avec joie par tous ceux qui sont pour la Ligue de précieux et dévoués collaborateurs.

Nous savons que les réformes que nous préconisons se feront dans un avenir prochain ; elles seules peuvent établir un équilibre stable entre nos forces sociales et assurer le développement normal de notre démocratie. Tous ceux qui y travaillent en France y prêtent une attention soutenue ; notre programme pratique les attire, les séduit, les conquiert ; c'est pour eux que *la Région* est écrite, c'est pour eux et par eux que se feront les réformes qu'elle préconisera.

LA CRISE FINANCIÈRE ET LA RÉGION [1].

La crise financière qui se prépare révèlera brusquement à notre pays la nécessité de l'organisation régionale [2]. Elle seule peut relever nos finances nationales; au lieu de parler d'économies bien malaisées à réaliser, organisons.

M. Caillaux termine la préface de son Traité *Sur les impôts en France* en écrivant que peut-être le dernier mot de la science financière, c'est l'économie. A mon avis, ce n'est que l'avant-dernier; le dernier, c'est de dépenser tout ce qui est nécessaire à la mise en valeur d'un pays, c'est d'assurer les recettes futures. L'équilibre de nos budgets en dépend; cet équilibre, à l'heure présente, est compromis.

La Chambre de 1910 a laissé le trou du déficit s'agrandir : par le compte professionnel, par l'émission de bons du Trésor, elle l'avait masqué; une pluie d'orage survient et le trou se change en précipice.

1. *La Région*, n° du 20 juillet 1914.
2. Cette crise financière était déjà menaçante avant la guerre. Aujourd'hui le mot est impropre, les événements subis, les traités de paix à intervenir ajoutent de nouvelles données au problème financier, données que nous ne connaissons ni entièrement ni complètement! N'importe, il apparaît, et le retour des provinces perdues ne peut que souligner cette affirmation, que l'organisation régionale sera plus que jamais nécessaire.

M. Ribot n'a pas craint de le montrer : pas d'argent disponible dans les caisses du Trésor, sept millions de bons du Trésor seulement restant à émettre, un passif de plus d'un milliard; pour le budget de 1915, des dépenses engagées dépassant les recettes ordinaires de 600 millions. Certains lui ont reproché sa franchise, mais il n'était pas mauvais cependant que le pays connût la vérité.

Le ministère Ribot tomba, un autre lui succéda, l'emprunt, quarante fois couvert mais une fois versé, est terminé : il servira à retirer de la circulation les bons du Trésor déjà émis. Les difficultés ne sont pas résolues, elles commencent.

M. Ribot évoquait-il des chiffres inexacts? A en croire M. Jaurès, qui ne vote pas le budget mais sait le discuter, il demeurait au-dessous de la vérité. Ajoutez, disait le leader socialiste en substance, aux 600 millions indiqués par M. Ribot, 120 millions pour les intérêts et l'amortissement de l'emprunt de 800 millions, ajoutez 200 millions pour relever les traitements des fonctionnaires civils selon les prévisions normales ou même des engagements déjà pris, ajoutez un service de 120 millions d'intérêts et d'amortissements pour un nouvel emprunt de 1.500 millions indispensable à l'outillage national, et le milliard sera dépassé.

Cela donne à réfléchir. Si la France était aussi riche qu'autrefois, de nouvelles recettes seraient aisément trouvées et aisément payées pour faire face à l'accroissement des dépenses; mais il ne faut pas craindre de le répéter, la France n'est plus aussi riche qu'autrefois et de là vient la gravité de la situation.

La richesse est toujours relative, la richesse de la

France décroît en proportion de l'accroissement de la richesse des autres nations. Si celles-ci ont moins épargné, ont moins placé de capitaux à l'étranger, elles se sont mieux outillées, elles ont augmenté leur population. Dans nos sociétés modernes, c'est ce qui constitue la vraie richesse.

Qui paiera les impôts nouveaux? Ceux qui ont une fortune acquise? Ceux qui travaillent? Seront-ils levés sur les personnes ou sur les choses? Atteindront-ils la circulation, les échanges? Des monopoles seront-ils établis, etc...?

Si on envisage la question de très haut, elle n'a pour le pays qu'une importance relative. Ce sont les Français qui paieront ces impôts, et quels que soient les impôts nouveaux, il est impossible de calculer leurs répercussions et leurs incidences. Certes l'argent prélevé par les impôts, qui est ensuite dépensé en France, n'appauvrit pas le pays en numéraire, mais il détourne les capitaux de leur cours normal, modifie les échanges et rend plus malaisée la réalisation des initiatives individuelles ou collectives en quête de capitaux ou de crédit. En admettant même que les impôts rentrent aisément, si la force de production du pays ne s'accroît pas, un jour l'équilibre se rompt, et la crise commence; elle peut être longue et douloureuse. Par la prévoyance, on peut l'éviter. Cela n'est pas impossible dans un pays qui, comme le nôtre, a de grandes richesses naturelles. Il suffit de rendre le travail plus rémunérateur et d'accroître la richesse des habitants. Comment y parvenir? En outillant le pays et en répandant l'instruction professionnelle.

Qui peut le faire? L'État? Non. Le programme Baudin a remplacé le programme Freycinet; l'un échouera comme l'autre; moins l'État aura d'argent, plus il résistera aux dépenses d'outillage national : il les remettra toujours à demain, c'est une loi inéluctable; à toutes les raisons connues, jalousies suscitées, lenteurs administratives, mauvaises conceptions, s'ajoute celle du manque de crédit disponible. Alors même que les 1.500 millions promis seraient dépensés, l'œuvre énorme qui s'ouvre à toutes les Régions de la France ne serait qu'ébauchée.

Les départements ? Comment le pourraient-ils ? Les intérêts économiques dépassent leurs cadres. Les associations, les syndicats ? Pas davantage : ils n'ont pas en ce moment la puissance suffisante [1].

En ce moment nous mourons du manque d'outillage, du manque de savoir professionnel ? Pas de marine parce que pas de ports; pas de ports parce que pas de canaux pour transporter les marchandises lourdes; pas de voies convergeant vers les ports d'une nation que trois mers baignent : tout le sang du pays aboutissant au cœur qu'il congestionne. Paris et sa banlieue qui absorbe une population qui ne s'accroît plus : un commerce qui s'étiole, une industrie qui ne se développe pas suffisamment, une agriculture presque partout arriérée, des villes provinciales qui sans autonomie ne peuvent se transformer assez vite et ne peuvent aider à l'organisation de la Région sur laquelle elles rayonnent.

Un système fiscal d'autant plus difficile à réformer que presque toutes les dépenses sont faites au nom de

---

1. S'ils avaient eu cette puissance nécessaire, la crise de la main-d'œuvre agricole qui sévit actuellement eût été atténuée. En effet, la plupart des Syndicats n'ont pu disposer des capitaux suffisants pour l'achat des tracteurs appelés à remplacer, dans une large mesure, les hommes mobilisés. Au lendemain de la guerre, le problème de la main-d'œuvre se posera encore.

l'État, que presque toute les recettes sont des recettes d'État, que ceux qui paient les impôts n'en voient pas l'utilisation immédiate, et que cependant — contraste étrange — beaucoup de dépenses sont engagées par des collectivités qui n'en supportent que la moindre partie : un contrôle parlementaire impossible, inefficace ; une vérification des comptes qui n'est pas renforcée par un contrôle effectif des dépenses : l'épargne française accumulée dans les caisses de l'État les retraites gagées sur la solvabilité d'État, tous les risques concentrés, jamais divisés. La solvabilité de l'État appuyée sur la richesse des particuliers qui elle-même est concentrée dans les banques nationales. Les économies des travailleurs de France sont drainées dans les villages, centralisées dans quelques mains et leur emploi dépend des décisions de quelques directeurs d'établissements de crédit ou de quelques hommes politiques.

Voilà où mène la centralisation.

L'État absorbe tout ; il demande chaque jour davantage ; il ne féconde plus, il prend ; il n'est plus une source de vie, il absorbe la vie du peuple entier, et les volontés, affaiblies par son omnipotence, sont impuissantes à réagir.

Un budget d'État qui s'enfle démesurément chez un peuple qui ne s'outille pas, qui ne s'instruit pas, c'est la ruine certaine, quelle que soit la richesse naturelle du pays[1]. Celle-ci, inexploitée, loin d'écarter les

1. Parmi tant d'autres faits nouveaux d'ordre économique ou social nés de la guerre et qui n'ont que trop confirmé cette thèse, il faut noter la question des allocations. Si, au lieu de fixer un tarif uniforme insuffisant ici, et trop élevé là, des commissions régionales au courant des besoins réels des familles de mobilisés et de réfugiés avaient réglé les modes d'attribution et le tarif des allocations, il y eût eu plus de justice, moins

convoitises, les excite ; c'est la ruine, et avec la ruine, la conquête militaire ou pacifique. L'État tombe d'un seul coup épuisé. Évitons à tout prix cette chute, il est encore temps !

Donnons aux populations provinciales, une fois divisées dans des circonscriptions administratives assez étendues pour englober leurs intérêts généraux, l'autonomie suffisante pour les administrer. Cela est indispensable. Seules, les assemblées régionales peuvent sur place étudier l'organisation économique de la région, répandre l'instruction professionnelle, trouver les crédits nécessaires, effectuer les dépenses. Il faut être sur les lieux pour comprendre l'importance d'un travail, il faut être sur place pour aboutir promptement. L'État peut continuer à contrôler, mais il doit relâcher sa tutelle ; là où il échoue parce que la besogne dépasse ses forces, il doit créer des institutions qui organisent. La richesse en découle, les impôts deviennent légers. Pour sauver les finances de l'État, pour permettre à la France de demeurer une nation riche et forte, n'hésitons plus : créons « les Régions » !

d'impatiences et de réclamations. D'autre part, l'irritante question des tarifs de réquisition ne devait-elle pas être réglée également par une Commission régionale ? On eût évité des anomalies comme celles-ci : A quatre kilomètres de distance, dans la même région, et seulement parce qu'il s'agit de départements différents, les bœufs sont payés 5 francs de plus ou de moins aux 100 kilos.

ÉTUDE DES FINANCES RÉGIONALES

L'organisation régionale pose le problème des finances régionales. Quelles seront les dépenses régionales ? Qui les votera ? Quels impôts alimenteront le trésor régional ? Par qui seront-ils répartis et perçus ? Par qui contrôlées la bonne tenue des comptes et la réalité des dépenses ? Telles sont les questions qui se pressent devant nous.

Ultérieurement elles seront soumises au Congrès de la Ligue, mais elles méritent, tant elles sont importantes, d'être d'ores et déjà expliquées. Un article aussi court que celui-ci ne se propose pas de les résoudre, mais il peut les préciser et les situer. Elles doivent être d'ailleurs considérées et discutées ensemble, et la solution choisie pour l'une d'entre elles influe sur les autres.

DES DÉPENSES DÉPARTEMENTALES ET RÉGIONALES [1].

Le budget régional s'accroît avec l'autonomie ; c'est pourquoi une étude complète des finances régionales devrait être précédée de la nomenclature des attribu-

---

1. Journal *la Région*, n° du 20 juillet 1914.

tions des Assemblées régionales : pour connaître des dépenses, il faut dresser un budget type ; toutefois, dans une discussion théorique, cette question peut être réservée.

Lorsqu'on examine le budget des départements on est frappé du fait suivant : en dehors des dépenses de vicinalité, chemins de fer départementaux, de certaines entreprises sociales d'initiative départementale, etc., etc., la majeure partie des dépenses du budget départemental sont ou des dépenses servant à assurer les services de l'État dans le département, tel que l'entretien des préfectures et sous-préfectures, des locaux de la justice, de la gendarmerie, etc., ont été mises à la charge des départements en exécution des lois nationales comme celles sur l'enseignement, l'assistance, l'hygiène, les services pénitenciaires, l'arbitrage, etc. Les dépenses de la vie provinciale y tiennent peu ou pas de place.

Le principe qui prévaut dans beaucoup de cas est celui de la triple contribution des caisses communales, départementales et nationale : peu de dépenses sont engagées sans que la caisse d'État paye sa part. C'est l'État qui est constamment mis à contribution : à l'origine, c'est-à-dire sous la Révolution, la préoccupation des législateurs était, en puisant dans un fonds commun, d'aider les communes ou les départements les moins riches ; depuis, une transformation s'est produite : l'établissement de beaucoup de dépenses dont le principe est légalement ordonné est laissé à l'initiative départementale ou communale. Elles comportent une contribution proportionnelle de l'État. En conséquence, les départements ou communes les plus riches peuvent engager les dépenses les plus fortes et exiger de l'État sa part, de plus les Chambres sont plus tentées de céder aux appels des départements riches qu'à ceux émanant des départements pauvres, parce que la mise en valeur d'une richesse naturelle apparente entraîne plus aisément l'assentiment des assemblées. Le calcul des subventions et des recettes de l'État dans chaque département serait très instructif et il est probable que les départements riches touchent de l'État proportionnellement plus que les autres. Le « fonds commun », qui figure encore dans notre budget et est réparti entre une quarantaine de départements, n'est que de trois millions : une goutte d'eau dans la mer.

Quoi qu'il en soit, dans le système actuel, l'État, à mon avis, plus dans le désir de tout régenter que d'aider les territoires pauvres, est demeuré le grand bailleur de fonds, et conséquemment lève au profit de sa caisse la plus grosse partie des impôts. Avec l'autonomie régionale, il n'en sera plus de même. La Région devra suffire à ses dépenses générales comme à celles de ses communes ; sauf dans des cas très rares, sa caisse devra être alimentée par des impôts levés dans la région et les subventions de l'État motivées par des raisons exceptionnelles. Il ne faut pas l'oublier : alors qu'il y a des départements pauvres, il n'y aura pas de régions véritablement pauvres ; les territoires les moins fortunés, rattachés à d'autres plus prospères, profiteront autant que les seconds de l'organisation régionale.

La réorganisation de la fiscalité provinciale est le bouleversement complet de notre système financier et administratif et des conceptions qu'il a engendrées : comment régler les rapports entre les impôts communaux, provinciaux et nationaux ? Les premiers trop souvent négligés dans la discussion des derniers, devraient être dans les réformes fiscales une des principales préoccupations des législateurs.

DES IMPÔTS EN GÉNÉRAL. LA TRANSFORMATION DU SYSTÈME FISCAL FRANÇAIS

L'étude des impôts régionaux, en effet, ne peut être séparée de celle des autres impôts. Avec le problème des impôts régionaux, c'est celui de toute la fiscalité française qui surgit. Celle-ci est elle-même en pleine transformation. Le système fiscal instauré par la Révolution française, comme les circonscriptions administratives dessinées par elle, ont fait leur temps : la maison craque de toutes parts, les grandes lézardes ne peuvent plus être masquées, il faut se hâter de reconstruire ; dans une maison nouvelle, chaque réforme trouvera plus aisément sa place. L'évolution économique nous impose des réformes fiscales comme des réformes administratives : l'œuvre de la vapeur, de son application scientifique, se retrouve également dans ce domaine ; un entraînement général force les peuples à rejeter leurs vieilles institutions, à fonder celles qui satisfont aux exigences de leur temps. La forme de la richesse a subi des transformations profondes ; elle n'est plus presque uniquement établie par la propriété foncière ; la richesse mobilière est dans de nombreuses mains, elle représente une valeur considérable, elle s'agrège et se désagrège sans cesse, elle demeure en France ou fuit vers l'étranger ; l'extension de l'industrie et du commerce, leur concentration, les principes industriels appliqués à la culture des terres, des salaires de toutes espèces, parfois considérables, payés pour rémunérer le travail manuel ou intellectuel, des honoraires pour récompenser de leurs services les membres de professions libérales fournissent aux particuliers des revenus importants. Les législateurs, à la fin du siècle dernier, sans toucher aux vieilles contributions, se sont efforcés déjà d'atteindre ces sources nouvelles de richesses, mais l'heure semble venue d'opérer un classement nouveau répondant aux conditions de notre situation économique, et de constituer, afin de mieux suivre chaque genre de revenu, des cédules englobant sous une même dénomination les différentes catégories de revenus des citoyens.

Celles qui furent proposées, ou qui sont directement ou indirectement déjà établies, sont les suivantes :

Cédules des revenus immobiliers — propriété non bâtie ;

Cédules des revenus immobiliers — propriété bâtie ;

Cédules des revenus mobiliers — valeurs françaises ;

Cédules des revenus mobiliers — valeurs étrangères ;

Cédules des revenus des bénéfices industriels ;

Cédules des revenus des bénéfices commerciaux ;

Cédules des revenus des bénéfices agricoles ;

Cédules des revenus des professions libérales ;

Cédules des revenus des salaires.

Enfin, pour rétablir un équilibre qui paraît compromis entre les impôts directs et les impôts indirects qui frappent plus lourdement les consommateurs moins fortunés que les autres, et afin de diviser les charges sociales de la façon la plus équitable possible, l'idée de superposer aux autres impôts un impôt progressif et global sur le revenu, impôt personnel, s'est à ce point implantée dans notre pays que, conformément au vote des deux Chambres, il sera perçu dès l'an prochain.

Mais ce qu'il importe pour nous, c'est de savoir à

quelles collectivités devraient revenir ces impôts nouveaux établis ou à établir. Déterminer quels sont ceux des impôts qui doivent être des impôts locaux, c'est-à-dire des impôts communaux, et reconnaître la tendance mondiale qui tend à attribuer aux seules localités la totalité de l'impôt immobilier, cela est relativement aisé. Ce qui est plus complexe, c'est de séparer les autres impôts en impôts régionaux et en impôts nationaux; cela dépend à la fois de la façon dont ils sont perçus, de leur rendement comme aussi de leur nature.

DES RAPPORTS A ÉTABLIR ENTRE LES SERVICES FINANCIERS NATIONAUX ET RÉGIONAUX

Les revenus de beaucoup d'impôts peuvent être plus aisément divisés entre l'État et la Région si l'État demeure chargé de leur établissement et de leur perception; au contraire, si l'État et la Région ont des services financiers entièrement différents, les revenus des mêmes impôts ne peuvent être que malaisément partagés entre eux.

Mais, dans le système d'organisation régionale vers lequel nous tendons, qui se substituerait à une centralisation excessive, cette hypothèse n'est pas à envisager. Nous ne sommes pas dans la situation des États-Unis qui se sont développés en partant du principe fédératif. Chez eux, appartient aux États, c'est-à-dire aux Régions, tout ce qui n'est pas légalement reconnu à la Fédération. Au contraire, en France, où la souveraineté appartient à la nation, c'est l'État qui doit constituer la Région et doit fixer progressivement les limites de son autonomie. Une entière liberté fiscale, l'absence du contrôle fiscal par l'État n'est qu'une des dernières étapes de l'autonomie régionale.

Toutefois, le contrôle général de l'État n'exclut pas le contrôle régional sur les dépenses effectuées. Une des principales raisons invoquées en faveur de l'organisation régionale, c'est la possibilité d'organiser un meilleur contrôle des dépenses publiques : le contrôle parlementaire sur les dépenses effectuées est illusoire, celui des assemblées régionales pourrait être beaucoup plus rigoureux. Certes, du fait que les dépenses sont effectuées sous les yeux mêmes de ceux qui paient les contributions, aucun gaspillage important ne peut se produire sans provoquer les récriminations de l'opinion publique.

Mais un contrôle organisé paraît nécessaire; il manque d'ailleurs totalement en ce moment pour les dépenses publiques. La Cour des Comptes vérifie bien l'exactitude des comptes de toute la comptabilité publique et s'applique à constater si les dépenses effectuées sont conformes aux ouvertures de crédit budgétaires; des inspecteurs des finances, détachés dans quelques ministères, rendent difficiles les virements dans certaines administrations centrales, mais d'autres, dans leurs tournées d'inspection provinciale, n'ont pas la possibilité de constater les virements de crédits effectués dans les départements, et ils doivent se borner à reconnaître le bon ordre de la caisse inspectée et des pièces comptables sans pouvoir porter leurs investigations sur le fond même des dépenses engagées. Tout cela n'est pas suffisant. Une comptabilité peut être très en ordre, et le coulage et le gaspillage exister; la comptabilité doit s'interpréter, se raisonner; un contrôle sévère est indispensable pour engendrer l'économie; et ce contrôle ne peut être fait que sur place. C'est pourquoi il faut que le contrôle de l'assemblée régionale s'exerce sur les dépenses régionales.

Que la région entretienne des agents spéciaux à cet effet; qu'elle emprunte, ce que je crois meilleur, temporairement au ministère des Finances des inspecteurs des finances, auxquels seraient donnés des pouvoirs spéciaux, peu importe. Mais il faut organiser ce contrôle; il faut que les observations des contrôleurs parviennent aux assemblées régionales. Ce contrôle spécial, est certes long et difficile, il n'est pas nécessaire de le faire porter chaque année sur la totalité des dépenses régionales; la vérification peut porter sur une tranche, un vingtième ou un dixième des dépenses. Si cette tranche est tirée au sort, le contrôle sera très efficace et ses effets se répercuteront sur la totalité du budget; en effet, ceux qui manient les fonds régionaux, ne sachant pas à l'avance quelle tranche serait contrôlée, s'efforceraient, pour éviter de légitimes réprimandes, d'employer avec la plus grande parcimonie les deniers régionaux.

Après avoir ainsi établi que la perception des impôts et le contrôle des dépenses peuvent être effectués par la Région et l'État, et tenant compte de ce fait, il nous reste à rechercher si une règle générale peut être adoptée pour diviser les impôts en impôts nationaux et en impôts régionaux.

DIVISION DES IMPÔTS EN IMPÔTS RÉGIONAUX ET EN IMPÔTS NATIONAUX

Lorsque fut rédigé le programme de Nancy, la formule suivante fut acceptée : « les impôts indirects à l'État, les impôts directs à la Région ». Ceux qui l'adoptèrent à un moment où notre fiscalité n'avait pas à être transformée, visaient surtout la classification administrative des impôts. Par impôts directs, ils entendaient, sans doute, les quatre contributions, c'est-à-dire l'impôt foncier, la cote mobilière, les portes et fenêtres, les patentes et les taxes assimilées qui alimentaient, par les centimes additionnels au principal de l'impôt perçu pour le compte de l'État, les caisses communales et départementales. Mais dès le premier examen de la classification des impôts directs que nous avons fait plus haut, il apparaît que la formule de Nancy doit être abandonnée. S'il est en effet un impôt qui soit sans conteste un impôt direct, puisqu'il porte sur la totalité des biens d'une personne, c'est bien l'impôt global sur le revenu. Or, il ne doit pas être un impôt régional, il est basé sur la totalité des revenus d'une personne d'où qu'ils viennent, de toutes les régions de France comme de l'étranger ; de son origine par conséquent, il tire son caractère national. Et puis, l'impôt sur le revenu global, qui implique la progressivité, doit échapper à l'arbitraire, aux jalousies que des inégalités de fortune engendrent dans les petites collectivités. L'État le maniera avec plus d'équité que la Région.

D'autres remarques sont à faire. Certains impôts, comme les impôts fonciers, peuvent par leur nature supporter une différence de prélèvement entre les régions. Pour les cédules des impôts mobiliers, cela ne peut être, leur taux doit être fixé par l'État ; si le taux de ces impôts variait entre les régions, les capitaux fuiraient tous rapidement dans la région où l'impôt serait le moins élevé, et cela serait un désastre pour les autres. Pour les impôts qui frappent les sociétés, et, avec l'augmentation des sociétés ils prendront dans notre fiscalité une place très importante, il en serait de même ; telle société qui se trouverait plus frappée dans une région que dans une autre, transporterait son siège dans cette dernière. D'autre part, beaucoup d'impôts indirects pourraient être avantageusement perçus dans la région, tels que des taxes prélevées sur ceux qui bénéficient particulièrement de quelque entreprise régionale, un pourcentage sur les droits d'enregistrement, etc...

Peut-on trouver une formule nouvelle, ou bien doit-on, sans partir d'une idée préconçue, en étudiant chaque impôt selon sa nature, son rendement, ses répercussions, décider s'il s'applique mieux aux revenus nationaux qu'aux revenus régionaux, ou aux uns et aux autres ? A mon avis, de toutes les solutions, cette dernière est plus sage : il est si difficile de classer les impôts : tant de classifications ont été proposées qui prêtent à des critiques sérieuses que la tâche serait malaisée. Mais ceux que ces questions intéressent particulièrement et qui voudraient nous faire connaître leur opinion, rendront à la Ligue un grand service.

Si une formule aussi concise que celle de Nancy ne peut être trouvée, des principes généraux peuvent être établis ; ceux de nos financiers qui désirent sincèrement la transformation de notre système fiscal, doivent étudier les rapports des impôts régionaux et des impôts nationaux : je suis convaincu que plus ils s'y attacheront, plus ils deviendront partisans de l'organisation régionale. Sans elle, ni contrôle sérieux des dépenses, ni réforme fiscale complète. Mon collègue Ponsot prouvait dans *la Lanterne*, que la réforme électorale se ferait par la Région ; je ne crains pas d'écrire que la réforme fiscale se fera elle aussi par la Région.

L'historique de l'impôt sur le revenu est là pour en témoigner.

Proposé depuis longtemps, souhaité par une grande partie de la population, il est d'abord présenté comme un impôt de remplacement : il entraînait la refonte complète de notre système fiscal, la substitution de cédules nouvelles aux anciens impôts. On s'aperçoit alors qu'il faut évaluer à nouveau l'impôt foncier non bâti ; la réfection du cadastre coûte trop cher : plusieurs centaines de millions ; on s'arrête au principe de l'évaluation de la propriété non bâtie sur les mêmes bases que celles acceptées pour le foncier bâti ; c'était préparer une des cédules les plus importantes. Ce travail terminé, le désir d'établir l'impôt sur le revenu s'accroît pour des raisons diverses : poussées en ce sens longtemps contenues, obligation de faire contribuer la classe aisée aux dépenses militaires. La logique aurait commandé d'achever la forme cédulaire, mais un courant l'emporte. La Chambre passe outre ; brusquement le Sénat cède ; un impôt sur le revenu est voté, basé sur les éléments d'un système fiscal qui s'oppose tout entier à son établissement, qui fut créé contre lui par la Révolution.

Une coupole est édifiée sur un vieil échafaudage qui ne pourra la porter longtemps. On s'est battu peu pour savoir s'il y aurait déclaration ou non, si elle serait contrôlée ou pas : en réalité, cela importe peu. C'est au fisc à appliquer l'impôt, il sera accepté dans la mesure où celui-ci l'appliquera avec tact ; tant de cas spéciaux vont naître qui pourraient donner matière à procès, que des accommodements interviendront.

Ce qu'il y a de certain, c'est que l'impôt sur le revenu, tel qu'il a été voté, ne subsistera pas longtemps.

Il démontrera la nécessité de la réforme cédulaire ; ce qui est intéressant à déterminer, c'est pourquoi celle-ci n'a pas été faite déjà : ce n'est pas seulement à cause de l'opposition normale que font à une modification beaucoup de ceux qui savent qu'ils seront atteints par les nouveaux impôts.

Entre autres raisons, je crois que les suivantes ont influencé profondément les esprits. Les législateurs ont compris que maintenir pour le département et l'État deux bases d'impôts différentes était une anomalie, et, consciemment ou inconsciemment, ils ont estimé qu'il serait vain de refondre tout le système financier d'un organisme qui meurt : le département.

Déjà ils ont abandonné pour l'impôt foncier le système archaïque de la répartition de l'impôt, du tribut levé mathématiquement sur les départements et les communes, pour en faire un impôt de quotité ; déjà ils se sont efforcés d'égaliser les rendements des impôts demandés au foncier bâti et non bâti, au risque de troubler les populations urbaines ; mais ces deux réformes ont été faites sans plan d'ensemble, sans même que leurs répercussions aient été escomptées. Les législateurs sentent que la véritable réforme fiscale est liée à la réorganisation complète de toute notre fiscalité provinciale, et ils n'osent la regarder en face.

En France, où l'esprit régionaliste commence seulement à naître, les vastes problèmes qu'il entraîne sont peu connus : seuls, quelques spécialistes les ont étudiés, mais ni les services financiers du pays, ni la majorité des parlementaires, encore moins les journalistes et l'opinion publique ne s'y sont pas attachés. Les théoriciens financiers, immuables sur leur colline, considèrent toutes choses de l'élévation où ils se trouvent placés, ils ne cherchent pas à descendre dans la vallée pour mieux reconnaître le terrain : c'est le défaut des étatistes d'avoir des conceptions inadéquates à nos sociétés modernes, à l'organisation collective de la vie. Les profils de la colline leur dérobent des horizons inconnus; ils ne font pas un pas pour les découvrir. Combien cependant ils gagneraient s'ils s'y enhardissaient! Ils pourraient alors indiquer avec sûreté l'évolution de notre politique fiscale.

Puis il y a autre chose. Chez nous, en fait, la lutte fiscale est engagée entre l'État et les individus; ceux-ci sont divisés en classes qui s'opposent les unes aux autres avec une brutalité exagérée sans que leurs rivalités soient tempérées par les liens de la profession ou de l'habitat. La lutte contre l'impôt sur le revenu a déchaîné des rafales sur le pays; si elle a été aussi aiguë c'est parce qu'aucune collectivité ne s'interposait entre l'État et les individus : ni organisations professionnelles pour aider à fixer les bénéfices professionnels moyens, ni collectivité régionale agissante pour aider l'État dans la gestion des dépenses publiques et dans leur contrôle.

Plus le budget d'État grossit, plus les individus répugnent à lui verser leurs impôts : on le sent massif et comme inexploré; on sait le contrôle inefficace; cependant pour payer sans récriminer, on veut voir la note, l'examiner, la comprendre. Sauf quelques privilégiés, et encore affirment-ils leur science sans pouvoir la prouver, nul ne peut prétendre suivre et comprendre toutes les dépenses publiques. Si les classes riches et aisées, qui savent mieux compter que les autres, pouvaient mieux suivre les dépenses publiques, elles n'opposeraient pas à la réforme fiscale la résistance que l'on connaît. Si une partie des dépenses publiques étaient des dépenses régionales, les contribuables en comprendraient mieux la nécessité et ceux qui sauraient bénéficier par un accroissement de richesse des dépenses effectuées, accepteraient plus volontiers la transformation fiscale qu'elles rendent indispensable. Mais tel n'est pas le cas !

Ainsi un aperçu, si court soit-il, de notre fiscalité nationale et provinciale démontre que, dans nos sociétés, tout s'enchaîne, et que le retard apporté à une réforme, qui s'impose autant que l'organisation régionale, en tient d'autres, je dirai même toutes les autres en suspens. Cela doit décider les régionalistes à redoubler d'efforts pour conquérir l'opinion publique à leurs conceptions saines et vivantes.

RÉPONSE A UNE CRITIQUE

M. Lafferre a écrit, dans *le Petit Méridional* du 19 mai 1914, un intéressant article sur la « Représentation professionnelle régionale », où il critique les objets de notre Ligue.

Nous avons lu cet article avec le plus grand soin; le nom et l'autorité de son auteur nous y conviaient, mais c'est en vain que nous avons cherché à retrouver notre thèse dans l'exposition qu'il croit en faire. Aussi il nous apparaît indispensable de relever ses erreurs et, avant de réfuter ses critiques; de préciser ses attaques.

Sur le premier point, la nécessité de substituer des régions aux départements, nous paraissons d'accord; donc, passons.

Sur le second : la composition des Assemblées Régionales, une erreur fondamentale se glisse dès le début. Elle est due à l'équivoque engendrée constamment par l'emploi du mot « Représentation professionnelle ». M. Lafferre croit que nous voulons « composer les Assemblées régionales de telle manière que toutes les professions y soient représentées proportionnellement à leur importance, et cela sans tenir compte d'aucun autre élément que la compétence technique et le mérite professionnel ».

Vraiment, où M. Lafferre a-t-il vu cela ? Où a-t-il lu que nous voulions que chaque profession soit représentée dans l'Assemblée régionale ? Où a-t-il lu que nous estimions que le mérite professionnel et la compétence technique doivent être seuls pris en considération ? Qu'il jette les yeux sur la proposition de loi sur laquelle nous basons notre action, qu'il relise les discours de La Rochelle, la discussion de Poitiers, celle du Congrès de Toulouse, les discours de MM. Guillot et de Marcillac, et le mien même, à Toulouse. Qu'il les relise avec soin, il a l'esprit trop juste pour s'y refuser.

Nous ne voulons, nous ne pouvons pas demander à la profession organisée de désigner ses mandataires pour participer à *l'administration des affaires régionales*, mais nous pensons qu'il est indispensable que des hommes pris parmi toutes les grandes catégories professionnelles siègent dans ces Assemblées régionales. Nous pensons que, pour traiter les nombreuses questions économiques que l'organisation de la vie collective rend plus utiles chaque jour, il faut des hommes compétents dans toutes les branches de l'activité sociale, qu'il faut introduire dans l'administration des intérêts généraux du pays un esprit pratique, un esprit commercial, sans lequel le développement du pays ne se conçoit pas. Et il faut qu'une Assemblée régionale soit l'image réduite de la Région, qu'elle comprenne des représentants de toutes ses forces vives : voilà tout notre but.

Comment l'atteindre ? Il est certain que le suffrage universel inorganisé ne peut y parvenir ; les électeurs groupés entre eux, suivant la communauté de résidence, choisissent leurs représentants sans réfléchir à cette nécessité. Il ne peut en être autrement. Alors, comment faire ? Un seul moyen s'offre à nous : diviser les électeurs en grandes catégories professionnelles, leur faire choisir leurs représentants parmi les électeurs de leurs catégories. Alors, par le suffrage universel, seront désignés des représentants de toutes les grandes catégories professionnelles : agriculteurs, commerçants, industriels, membres des professions libérales. Mais, il faut que M. Lafferre en convienne, faire siéger à coup sûr des représentants de chaque grande catégorie professionnelle dans l'Assemblée régionale, c'est tout autre chose que de chercher à faire représenter chaque profession.

Telle est notre thèse. Elle peut, certes, être critiquée, mais il faut, pour la critiquer avec justice, l'exposer telle qu'elle est. Pour nous, il suffit d'avoir montré cette erreur originelle. Nous n'avons pas à réfuter les déductions qui en sont tirées, puisque, comme M. Lafferre, nous écartons la représentation de toutes les professions, la représentation syndicale. Avec notre thèse, les critiques faites sur « l'impossibilité matérielle de représenter des professions trop nombreuses, trop distinctes les unes des autres », et « sur l'esprit particulariste que ces représentants tirent de leur origine », tombent toutes ensemble.

Cependant, M. Lafferre ayant pris une fausse piste, s'y engage délibérément. Ainsi, il s'imagine que nous voulons un Parlement professionnel. Il n'écrit pas que nous l'avons dit, mais croit démasquer nos intentions. Comme il nous a mal compris ! Nous prétendons que le Parlement doit laisser aux Assemblées régionales le soin d'assurer le développement économique du pays, auquel il ne peut plus pourvoir à cause de la multiplicité et de la complexité des questions modernes. Mais nous avons dit constamment que le Parlement devait répondre aux aspirations politiques du pays, c'est-à-dire à celles provoquées par les intérêts généraux des habitants; qu'une Représentation politique nationale était indispensable; que c'était une faute que de chercher à faire un Parlement ou un Sénat professionnel; *et nous nous sommes efforcés de montrer, en liant l'organisation régionale à la Représentation professionnelle, que l'une était le complément indispensable de l'autre.* Cela nous a valu les critiques de ceux qui nous reprochent de compromettre la réforme régionale en préconisant en même temps la Représentation professionnelle régionale, mais cela aurait dû nous éviter les insinuations de M. Lafferre.

De toutes les critiques de ce dernier, que reste-t-il ? Peu de chose, en vérité : Il est trop aisé de placer la cible où l'on veut, puis de tirer dessus. Tous les coups alors portent. Mais nous avons déplacé la cible, nous l'avons mise là où elle aurait dû être, et M. Lafferre devient inhabile à l'atteindre. Et puis, à le bien lire, quelle incertitude trahit son article : M. Lafferre est inquiet, et il nous livre le secret de ses craintes. « Il y a, dit-il, au fond de cette propagande, une grande illusion, à moins qu'il n'y ait l'arrière-pensée, chez certains, d'affaiblir *la vie politique du pays,* en donnant aux Assemblées professionnelles une importance prédominante. » Eh quoi ! Comment décentraliser, traiter, comme M. Lafferre le demande lui-même, les « départements et les régions en majeurs » si on ne donne pas à leurs Assemblées une certaine autonomie, et comment accroître leur autonomie, sans diminuer les attributions du pouvoir central, et des Assemblées nationales? Où est le mal? Peut-on concevoir la décentralisation sans un accroissement de l'autonomie des populations provinciales ? Cette idée n'est-elle pas, dans son essence même, l'application de l'idée républicaine du gouvernement du peuple par lui-même ? Mais M. Lafferre ne voit pas si loin. Il aime le *statu quo* cher aux hommes politiques et aux diplomates. Il faut si peu d'efforts pour maintenir ce qui est établi ! Et, en lisant la fin de son article, je me demande pourquoi M. Lafferre n'a pas condamné toute notre thèse d'un seul coup : l'organisation régionale comme la Représentation professionnelle régionale. Écoutez :

« Gardons-nous de chercher dans un régionalisme qui poussé peut-être jusqu'à un particularisme égoïste, serait un remède pire que le mal, s'écrie-t-il, et tenons toujours au-dessus des intérêts professionnels syndiqués l'arbitrage nécessaire des Assemblées nationales ou *départementales*, issues de la volonté souveraine et librement exprimée du suffrage universel. »

Cette phrase contraste un peu trop avec celles où au début il admettait la formation de régions.

Quelle contradiction ! Cela nous prouve qu'un sujet aussi vaste et aussi difficile ne peut être traité sans étude et sans réflexion, et vraiment nous ne pouvons garder grief à M. Lafferre de ses critiques : il ne nous a pas suffisamment lus !

II

RÉPONSE A UNE AUTRE CRITIQUE [1].

M. Lucien Cornet m'accuse de voir dans la « Science » une « idole qui veut ou ne veut pas, qui permet ou

1. Cet article répond aux affirmations de M. Lucien Cornet dont voici l'essentiel :
« Répondant à une enquête dont nous nous flattons d'avoir

interdit ». Lui croit que « la science est notre servante; c'est l'ensemble, dit-il, des connaissances grâce auxquelles nous nous efforçons, avec un succès croissant, de faire du monde ce que nous voulons qu'il soit ».

Que M. le sénateur Cornet me permette de le lui dire : Je ne suis nullement de son avis. Nous n'avons pas la puissance de faire du monde « ce que nous voulons qu'il soit ». Nous n'avons même pas la volonté commune ; les hommes discutent entre eux ; les luttes de races, les luttes politiques, les luttes de classes en témoignent : donc pas de but déterminé. Notre science et notre puissance se heurtent à des réalités. Les applications scientifiques ont des répercussions imprévues qui se commandent les unes les autres et modifient profondément les conditions de la vie.

M. de Curel, en cherchant à prouver que la science est la nouvelle idole, ne veut pas prouver qu'elle régit le monde. La découverte des lois scientifiques n'est pas leur création. Les boutons de nénuphars tendent

contribué à démontrer l'intérêt, M. le député Jean Hennessy s'exprime de la sorte : « L'application des découvertes scientifiques accroît chaque jour la dépendance des hommes entre eux. » Le sens de la phrase est ambigu. »

« M. de Curel voit dans la science la dernière idole qui veut ou ne veut pas, qui permet ou qui interdit. Réalisme abusif : la science est tout simplement l'ensemble des connaissances grâce auxquelles nous nous efforçons, avec un succès croissant, de faire du monde ce que nous voulons qu'il soit. La science est notre servante ; ce n'est pas nous qui sommes à son service. »

« Ne confondons pas la science avec son objet. L'objet de la science, c'est-à-dire le monde, est ce qu'il est, nous n'y pouvons rien. En nous la connaissance est serve : elle constate, et c'est tout ; mais l'activité volontaire, éclairée par la science, est libre. Dans le monde, tel qu'il est, et que nous pouvons modifier, nous faisons de plus en plus ce que nous voulons ; et la connaissance nous sert, bien loin de nous paralyser, elle ne reconnaît les nécessités que pour s'ingénier à les tourner. »

leur col vers le soleil, comme nous nos intelligences vers le savoir ; mais pas plus qu'ils ne peuvent se créer eux-mêmes, pas plus pouvons-nous donner à la matière d'autres lois que les siennes.

. Certes, il nous est loisible d'étendre les découvertes scientifiques, de reculer le champ de l'expérience scientifique, de construire des systèmes philosophiques nouveaux basés sur des déductions qui auraient échappé aux anciens ou sur des constatations scientifiques plus précises. Mais nous en sommes réduits à subir l'état social où nous vivons : nul ne peut y échapper. L'application de certaines découvertes scientifiques a modifié les conditions de la vie économique, la facilité des transports a occasionné une révolution véritable, elle a accru la dépendance des hommes entre eux, c'est un fait, quoi que M. Cornet en pense ; quand je le constate, je ne suis pas perfide. Mais je dois le constater pour comprendre l'évolution sociale moderne, comprendre la direction qui doit être imprimée aux démocraties. Et je voudrais, par quelques exemples, démontrer à M. Cornet non pourquoi la dépendance des hommes entre eux existe, cela est un axiome, mais pourquoi de nos jours elle ne cesse de s'accroître.

Quand Napoléon 1ᵉʳ préparait son armée au camp de Boulogne et proclamait le blocus continental, ne savait-il pas que la vie de l'Angleterre dépendait du continent et de ses colonies ? L'Angleterre, qui commençait à vivre de son industrie, pouvait être affamée ; de grands navires à voiles, scientifiquement construits, devaient la ravitailler ; quelques centaines d'années auparavant, cette dépendance des populations anglo-saxonnes vis-à-vis de la mer n'existait pas ; une île moins peuplée suffisait à nourrir ses habitants. Et, je le demande à M. Cornet : attendre de ceux qui cultivent au delà des mers de quoi manger, n'est-ce pas une affirmation de la dépendance des hommes entre eux ? Aujourd'hui, presque tous les pays ont besoin de leurs relations maritimes : un pays sans port ne se développe pas.

Prenons un autre exemple : la nourriture des habitants des grandes villes dépend de la production rurale, même étendue très loin. Une épizootie dans le Nivernais ou dans le Limousin ferait monter le prix de la viande à Paris. Les Parisiens n'ont-ils pas senti cette dépendance au moment de la grève générale des chemins de fer en 1910, et ne l'auraient-ils pas encore mieux comprise si les bateliers de la Seine avaient fait grève également ? En trois jours Paris aurait manqué de vivres. Est-ce de la dépendance ?

L'électricité est une belle application scientifique ; mais la chandelle nous rendait plus indépendants. Le roi Pataud en coupant quelques fils nous l'a fait voir, le soir où il décréta de plonger Paris dans le noir !

Sans doute M. Cornet a dû comme moi, ce soir-là, allumer sa chandelle : mais il l'a oublié, je m'en souviens : et c'est entre nous toute la différence.

APPENDICE

PROPOSITION DE LOI

*tendant à la décentralisation administrative et à la repré-
sentation des intérêts économiques par la suppression des
départements, la constitution de régions et l'élection d'assemblées régionales.*

(Renvoyée à la Commission de l'administration générale, départementale et communale.)

PRÉSENTÉE

Par M. Jean HENNESSY

Député,

Le 29 Avril 1915.

EXPOSÉ DES MOTIFS

MESSIEURS,

Le 9 mai 1913, j'avais l'honneur de déposer, sur le
bureau de la Chambre, une proposition de loi tendant à
substituer aux divisions départementales des circonscriptions
administratives plus étendues, des régions, et à faciliter, en
autorisant les électeurs à se grouper en grandes catégories
professionnelles, l'accession à l'assemblée régionale d'hommes
ayant des compétences professionnelles reconnues.

Cette proposition de loi, signée par plusieurs de nos
collègues des Charentes et du Poitou, posait les principes
essentiels d'une réforme sur lesquels de nombreux électeurs appartenant à toutes les professions et à tous les
partis politiques de cette région s'étaient mis d'accord.

Depuis, elle fut soumise dans des réunions publiques, à Montpellier, à Lille, à Limoges, à Bordeaux, à Toulouse, à la discussion de tous les habitants des régions qui se constituent autour de ces grands centres. Par l'accueil qu'elle reçut, l'auteur fut fortifié dans la conviction qu'elle répondait — tant au point de vue politique qu'économique — aux aspirations générales. Elle rencontrait surtout un accueil favorable auprès des hommes jeunes. Leur génération, moins idéaliste que ses devancières, animée d'un esprit plus pratique, comprend mieux le besoin d'adapter les Institutions du pays aux conditions nouvelles de la vie.

Nous nous proposions donc, dès le mois de juillet 1914, de soumettre la même proposition de loi à la Chambre récemment élue, en la complétant toutefois et en ne définissant pas seulement comment les régions seraient constituées et les électeurs régionaux représentés, mais aussi en déterminant mieux que nous ne l'avions fait auparavant, les attributions de l'Assemblée régionale, ses pouvoirs d'exécution et en donnant à une assemblée plus importante que le Conseil général, dans une circonscription plus étendue que le département, sinon une autonomie complète, tout au moins la possibilité de prendre à la direction des affaires publiques une part très importante.

A ce moment la guerre éclata.

Les conséquences de la guerre :
La réforme administrative rendue plus urgente et plus aisée.

A toutes les raisons de hâter ces réformes, tirées de l'anomalie politique dans laquelle nous vivons et de l'impossibilité d'assurer le développement économique d'une République aussi centralisée que la nôtre, s'en ajoutent aujourd'hui de multiples engendrées par la guerre.

Après la victoire, lourde encore sera la tâche des citoyens français ; nous n'aurons pas seulement à rétablir notre équilibre financier, et pour maintenir le crédit national, à réduire la proportion entre l'encaisse métallique et les billets émis par la Banque de France, mais il nous faudra consolider la dette d'État, réparer les ruines de toute nature, rebâtir les pays dévastés, indemniser les éprouvés, pensionner les blessés et les familles des morts, tout en continuant à assurer la sécurité du pays.

Comment y pourvoir, si notre industrie arrêtée, notre commerce extérieur suspendu, notre agriculture négligée ne prennent pas immédiatement un essor inconnu jusqu'à ce jour et ne mettent pas à la disposition des finances nationales des ressources nouvelles ?

Avec l'énergie de la race française, tous les maux sont réparables ; mais il faut que l'État par des lois appropriées, rende, *dans l'intérêt général*, l'effort de chacun, aussi productif que possible. Le peut-il sans une réforme administrative complète qui seule libérera toutes les bonnes volontés des entraves qui les enchaînent ?

La France d'avant 1914, trop centralisée, s'adaptait avec peine à la grande transformation économique de notre siècle ; *elle n'exploitait pas toutes ses richesses naturelles ; elle ne profitait pas de son incomparable position géographique ; son outillage économique se constituait trop lentement ; la convergence de son réseau ferré vers la capitale* ne mettait pas suffisamment ses diverses régions en rapport les uns avec les autres et avec les pays étrangers ; l'intérieur du pays n'était pas relié, par des *voies de communication orientées vers les ports*, avec les contrées d'outre-mer ; la *navigation fluviale* n'était pas organisée ; les anciens canaux n'avaient pas été améliorés ; des voies d'eau nouvelles n'avaient pas été aménagées ; les marchandises lourdes ne pouvaient parvenir au littoral sans être grevées de frais énormes : manquant de frêt de retour et parce qu'ils ne trouvaient pas de ports bien outillés, les *grands navires de commerce se détournaient de nos côtes* et notre marine marchande, malgré de larges subventions, n'existait presque pas.

L'instruction professionnelle; l'instruction pratique étaient médiocres; *l'agriculture* demeurait arriérée, sauf dans le voisinage de quelques grandes villes; peu d'organisation industrielle, un commerce alangui, *pas de coopération entre les savants et les hommes pratiques; nos capitaux étaient constamment engagés au dehors,* au lieu de concourir au développement national; quoique aucun peuple n'ait pu se glorifier d'en avoir de plus abondantes, toutes nos richesses matérielles intellectuelles et scientifiques étaient en fait si mal mises en œuvre que la France moins peuplée, moins active que d'autres États, rétrogradait dans l'échelle des nations et n'avait plus droit au rang mondial qu'elle avait autrefois occupé.

La France de 1916 sortira avec un territoire agrandi de la guerre actuelle, son vaste patrimoine de gloire sera accru, *mais les Français qui pouvaient à peine peupler leur pays seront moins nombreux !* La grande richesse d'une nation, la richesse en hommes, nous manquera plus encore qu'auparavant.

Combien qui hier étaient vivants, dont la jeunesse était pleine de promesses, reposent maintenant sous les tertres qui marquent les champs de bataille ? Combien reviendront estropiés, incapables de rendre à la société les services qu'elle en pouvait attendre, combien tomberont à sa charge ?

De tous les grands pays belligérants nous sommes **le seul dont la population ne se soit pas accrue depuis quinze ans,** le seul où un excédent d'enfants et de jeunes gens ne soit pas prêt à réparer les pertes et à remplacer dans leur œuvre sociale ceux qui sont morts. *Il nous faudra au moins vingt ans pour ramener le chiffre de nos adultes, par une natalité accrue, à celui du début de l'année 1914.* Ce manque de population, si nous n'y prenons garde, pèsera lourdement sur nos destinées, et d'autant plus que la guerre, qui creuse dans notre population de tels vides, aura pour conséquence un *accroissement d'activité dans le monde entier.*

Elle ne transformera pas seulement la carte politique des continents, elle aura, sur l'essor des pays qui y sont engagés, comme chez les neutres, des conséquences immenses. De la grande convulsion qui secoue l'Europe, sortira un **monde nouveau**.

Les pays des autres continents, les jeunes surtout, y trouveront des causes nouvelles de développement ; par suite de l'état de guerre prolongé, des industries seront nées, des courants commerciaux anciens auront été détournés qui ne pourront reprendre ; de nouveaux courants créés qui voudront se maintenir. Une énorme poussée maritime se manifestera, la concurrence mondiale se généralisera. Les vieux États d'Europe, le nôtre surtout, risquent, s'ils restent trop attachés à leurs coutumes, à leurs institutions créées pour le temps passé, de tomber en décadence et de faillir à leur développement économique. C'est ce qu'il faut éviter à tout prix.

Les Français ne doivent plus se griser de paroles, mais agir. *Ce que les gouvernements ou les représentants de l'État, incapables de suffire à la direction de toutes les affaires publiques suscitées par la vie moderne, ce que les Chambres surchargées de besogne et parfois asservies à des intérêts particuliers, ne peuvent plus faire, doit être* **l'objet de la discussion des Assemblées régionales** *et doit être* **exécuté par leurs délégués.**

Les bouleversements que la guerre occasionnera, par une heureuse conséquence, s'ils rendent la réforme administrative plus urgente, la rendent aussi plus aisée.

Pourrions-nous appliquer, en effet, sans danger aux **provinces reconquises**, à des populations non encore fondues dans l'unité nationale, jalouses de leur autonomie, un morcellement administratif et des règles administratives dont tous les inconvénients nous sont apparents ? et la nécessité de donner aux populations redevenues françaises une certaine autonomie n'entraînerait-elle pas immédiatement l'obligation de faire bénéficier tous les Français d'avantages analogues ?

Parmi les **fonctionnaires** qui remplissent courageusement leur devoir patriotique, beaucoup disparaîtront ; avant de leur donner des successeurs, ne vaudrait-il pas mieux dresser la liste des emplois nouveaux et, en réduisant leur nombre, nous efforcer de ce chef de diminuer les charges de l'État ?

Ceux qui auront opposé à l'envahisseur la ligne ininterrompue de leurs poitrines, avant de reconquérir le sol natal et de recouvrer les provinces perdues, font justement partie de **cette génération** qui, je l'ai dit déjà, *comprend et* **veut la réforme régionale**. Après la guerre, elle la réclamera impérieusement, elle parlera haut et fort: elle sera entendue.

Enfin, il est une **loi historique** que nous avons à peine besoin de rappeler: les réformes intérieures aussi vastes que celle proposée par nous sont rendues beaucoup plus aisées par les grands événements qui traversent la vie des peuples.

La grande réforme administrative de 1790, par exemple, fut faite à l'aube de la Révolution, et la dernière loi sur l'organisation départementale qui, au Parlement français, fut votée, après une discussion sur des vues d'ensemble, date d'août 1871, trois mois après la signature de la paix. En effet, après les périodes de troubles, l'intérêt particulier s'efface plus aisément devant l'intérêt général.

Comme nos ancêtres ne devons-nous pas saisir **l'heure favorable** ? Les Français, qui à la minute même où ils furent attaqués, ne connurent plus que la cause nationale, prolongeront pour cela leur sublime et merveilleuse union, « l'union sacrée ».

Dès que la paix leur donnera leur première heure de loisir, dans l'intérêt de la nation tout entière, foulant aux pieds les multiples intérêts particuliers qui, en d'autres temps, auraient pu s'y opposer, ils feront dans une entente unanime la grande réforme administrative dont nous voudrions nous efforcer, pour apporter notre part à l'œuvre commune, de tracer ici les conditions principales.

La présente proposition de loi vise trois fins :

La division de la France en Régions ;

La représentation des intérêts économiques ;

L'administration des affaires régionales par l'Assemblée régionale ou ses représentants.

Raison de ces réformes : adaptation de notre organisation administrative aux conditions économiques.

Elles n'ont pas été présentées ensemble arbitrairement ; leur lien *est apparent et leur enchaînement logique ; elles sont motivées par les conditions économiques provoquées, depuis le milieu du siècle dernier, par l'application chaque jour plus intense de nombreuses découvertes scientifiques.*

Parmi les principales sont : l'utilisation de la vapeur et des moteurs de tous ordres, le développement, la fréquence, la rapidité des moyens de transport, l'extension de l'industrie électrique permettant une transmission immédiate de la force comme de la pensée, l'utilisation de l'industrie du froid et tant d'autres qui mériteraient d'être énumérées en détail, dont les conséquences devraient être longuement expliquées.

La facilité des transports a causé à elle seule une véritable révolution. Aujourd'hui, les transports sur route, par rails et par eau, sont devenus si rapides que les obstacles de pesanteur et de distance ne s'opposent presque plus aux entreprises humaines. Les échanges entre les pays se multiplient, les mers qui autrefois étaient si difficiles à traverser sont parcourues en tout temps par des vapeurs rapides qui, défiant les tempêtes, allant droit vers leur but, creusent leur sillage dans les mêmes vagues.

La **dépendance des hommes entre eux** *devient de plus en plus étroite, il en résulte des modifications entre leurs rapports dans un même État comme entre les rapports des nations.*

Les échanges se multiplient, les conditions dans lesquelles le capital s'emploie ou le travail s'organise sont totalement modifiées.

Par les facilités qui leur sont offertes, les intérêts se concentrent et, pour offrir aux meilleures conditions possibles des marchandises d'échange, les producteurs se spécialisent. Quand on y regarde de près, on voit presque *toutes les entreprises humaines obéir à la* **loi de concentration** *et à celle de* **spécialisation** *qui en est la conséquence.*

Combien ces lois sont apparentes dans la formation des grandes industries, dans les tendances aux monopoles, dans les vastes organisations commerciales, dans la constitution de nombreux et importants services publics.

Combien elles le sont aussi dans l'accroissement des **capitales régionales**, grandes villes indispensables à la mise en valeur des terres qui les environnent, qui exercent autour d'elles, une rayonnante action, distribuent le crédit, l'intelligence, sont des foyers d'initiative, d'étude et de divulgation scientifique ; leur sphère d'influence semble ne trouver pour limites que celle d'une autre capitale régionale, car elles enchaînent par des liens multiples les habitants des villes de moindre importance et des campagnes voisines qui, autour d'elles, forment de véritables régions.

Si déjà, de toute part les intérêts généraux débordent le département, si des syndicats, des associations, englobant les habitants de plusieurs départements se créent spontanément, si les Chambres de commerce s'unissent les unes aux autres pour des fins communes, si elles constituent des offices de transport, n'est-ce pas, de toute évidence, parce que ces lois jouent ?

Cependant, elles semblent encore parfois méconnues. Il y a des partisans convaincus de la décentralisation qui, sans même entrevoir ces lois, fondent leur opinion sur de solides principes juridiques.

L'un de nos maîtres, M. Hauriou, n'écrivait-il pas en 1892 que les Régions des corps d'armée pourraient être prises comme bases des circonscriptions administratives et qu'au bout de quelques années, surtout avec le système du recrutement régional, on s'apercevrait que la population aurait pris corps ?

Quelle grave erreur ! On ne contraint pas les lois économiques à se plier aux conditions administratives. C'est le contraire qui se produit. C'est parce qu'il n'existe pas d'harmonie entre la vie économique et la vie administrative, c'est parce que les intérêts généraux des populations provinciales dépassent tous les jours le cadre départemental, qu'il faut créer de nouvelles et plus grandes circonscriptions administratives.

Si la Région n'existait pas déjà, si des habitants d'une même partie du territoire français n'avaient pas, dès maintenant, en plus de leurs intérêts particuliers, des intérêts généraux analogues, sur lesquels s'établit leur désir de les étudier en commun, la réforme régionale ne vaudrait guère ; une division arbitraire morcellerait le pays, sans profit ni pour le pays lui-même, ni pour aucune de ses parties.

Le monde politique et administratif, les juristes sont demeurés trop longtemps fermés à cette compréhension de la répercussion que les lois économiques doivent avoir sur l'administration du pays et n'ont pas suffisamment médité la phrase de M. Vidal de La Blache : *Soumises comme toutes choses, aux lois de l'évolution, les divisions régionales se défont et se récréent suivant les changements qui se produisent dans les générations des hommes.*

Jamais les hommes d'État ne s'attacheront assez à étudier les lois économiques pour comprendre leurs répercussions matérielles, morales et sociales et pouvoir en conséquence modifier les méthodes de gouvernement, les institutions des pays ou leurs lois.

Jusqu'à ce jour en France, ils ne l'ont pas assez fait. Là réside peut-être la cause la plus profonde du désaccord qui existait entre la nation et ses législateurs, entre la nation et ses gouvernants.

La guerre ouvrira les yeux des moins clairvoyants.

N'est-il pas apparent à tous aujourd'hui que les **pays belligérants** *ont dû se jeter tout entiers dans la lutte, que ce n'est pas seulement la valeur morale du peuple armé, ni son instruction militaire, ni l'habileté des chefs qui comptent et auxquelles on devra la victoire, mais aussi et surtout la* **puissance économique** *; sans elle, il n'est pas possible de prétendre à l'organisation d'une force militaire et la résistance économique est, en dernière analyse, escomptée autant sinon plus que la résistance ou la valeur des armées.*

Cette leçon portera. Ce qui aura été discuté au plus fort du combat ne sera pas oublié le lendemain, et, pour accroître notre puissance économique, dès que la paix nous donnera notre première heure de loisir, la France sera divisée en Régions.

La représentation des intérêts économiques dans la Région.

Partout on entend réclamer l'intervention des professionnels et des techniciens dans la discussion des affaires publiques où leur expérience, leur connaissance des choses et leur sens pratique peuvent provoquer l'adoption de projets bien conçus et en hâter la solution.

C'est que l'opinion publique se rend compte que *beaucoup de* **questions pratiques** *sont* **devenues** *pour le pays des* **questions vitales**, qu'il faut faire non seulement bien mais vite. Chaque jour voit naître la nécessité de créer de nouveaux services publics et la société doit réaliser des entreprises que ne peuvent ni ne doivent faire les particuliers.

Les questions complexes qu'elles posent nécessitent des hommes de métier. L'opinion publique sait qu'ils existent, elle les voit, depuis l'éclosion du mouvement syndical, dans toutes les réunions professionnelles jouer un rôle important, elle entend leur parole claire et précise, elle comprend qu'elle a devant elle des **hommes d'action** ; *elle veut les* **associer à la discussion des affaires publiques,** *afin que celles-ci profitent de leur expérience.*

C'est ce désir qu'il faut satisfaire : certains le confondent parfois avec des aspirations, légitimes aussi, vers *l'organisation de la profession,* la représentation de ses intérêts particuliers et l'expression de représentation professionnelle peut parfois prêter à l'équivoque, car elle s'emploie pour désigner tout mode de représentation ayant pour base un groupement professionnel.

Il y a lieu cependant, pensons-nous, de faire une distinction essentielle entre les questions professionnelles et les questions économiques : les unes demeurent des questions d'ordre particulier, les autres sont des questions d'ordre général.

La défense des intérêts d'une profession, celle d'une partie de ses membres vis-à-vis de l'autre, comme celle de toute la profession vis-à-vis de ceux qui lui sont étrangers est indispensable. Les syndicats la facilitent ; plus leurs capacités juridiques seront accrues, plus étendu sera leur droit de posséder, plus sera régularisée leur action, mieux sera résolu un des grands problèmes sociaux de notre époque.

Mais ce n'est pas celui que nous visons ici, c'est un autre très différent, celui de la **représentation des intérêts économiques** pour lequel il faut trouver le moyen de faire participer à la direction des affaires publiques des représentants de toutes les grandes catégories professionnelles, munis d'un mandat général qu'ils tirent d'un corps électoral important.

Nous nous sommes appliqués, dans ce but, à **organiser le suffrage universel** selon un système qui sera expliqué plus loin.

S'il n'était pas adopté, il faudrait en trouver un autre ayant pour base le groupement des électeurs selon la communauté professionnelle, mais ce qui doit demeurer acquis, c'est qu'il faut à tout prix organiser la représentation des intérêts économiques et qu'il faut l'organiser dans la région.

Autant la conception d'une **assemblée nationale professionnellement élue**, d'un Sénat professionnel, par exemple, soulève de justes et irréfutables critiques, autant il serait dangereux de juxtaposer une assemblée professionnelle à une assemblée politique, autant il paraît indispensable, pour discuter les grandes questions de politique intérieure ou extérieure, d'avoir des assemblées élues sur un mode purement politique et de laisser, à cet effet, les électeurs groupés selon la communauté de résidence ; autant, au contraire, pour discuter les questions qui seront traitées dans les assemblées régionales, il paraît bon d'avoir des hommes compétents dans toutes les questions économiques et de les faire nommer par les électeurs groupés selon la communauté professionnelle.

Car la **région**, nous l'avons vu, nous est **imposée par des causes économiques** et elle seule peut, par un travail intense et approprié, assurer la prospérité du pays en développant chacune de ses parties.

L'Autonomie régionale. Aperçus historiques.

A ce nouveau mode de représentation devra s'ajouter pour les régions une *autonomie plus grande que celle accordée aux départements. Nous nous proposons de la réaliser sans porter atteinte à l'unité de l'État.* Ce n'est pas nier le droit d'intervention de l'État, ce n'est pas mettre en discussion le principe de la souveraineté nationale et de l'égalité devant la loi que de modifier les attributions des assemblées nationales ou d'alléger la tâche du pouvoir exécutif.

Il y a, certes, des **droits souverains** qui devront être toujours exclusivement réservés à ces assemblées et à ceux qui gouvernent sous leur contrôle, mais entre les pouvoirs dévolus aux assemblées départementales et ceux qui devraient l'être aux assemblées régionales, la marge est grande et l'on doit dans les sociétés modernes, sans risque de porter atteinte aux prérogatives réelles de l'État, donner de nombreuses attributions aux assemblées autres que les assemblées nationales.

D'ailleurs, n'est-ce pas la base du principe républicain que de placer, dans la mesure du possible, sous le **contrôle direct du peuple** lui-même tout ce qui peut l'être sans nuire à l'intérêt général ?

Notre **développement historique** *a été faussé par la doctrine impériale sous laquelle nous continuons à vivre, sans avoir l'énergie de rompre avec elle.*

La réforme que nous préconisons, loin de porter atteinte aux principes de la Révolution française, s'en approche au contraire.

Trop souvent nous laissons les mots exercer sur nous une influence trompeuse. *Parce que le département fut créé en 1790 par la Révolution, certains s'imaginent que c'est porter quelque atteinte à ses principes que de le supprimer.* On oublie trop souvent que, pour tracer le département, le **Comité de constitution** en avait fixé l'étendue moyenne en tenant justement compte de l'état économique et des moyens de circulation de l'époque et que, d'autre part, les législateurs de 1790 avaient sur la gestion des affaires départementales des idées si larges que nous n'oserions les reprendre tout entières aujourd'hui.

L'Assemblée départementale ou ses délégués avaient le droit de faire exécuter ses décisions sous le contrôle du pouvoir central, elle participait à l'administration générale du royaume, des attributions presque souveraines lui étaient concédées.

Notre organisation actuelle *est beaucoup plus près de l'organisation départementale telle qu'elle fut comprise par le* **Premier Consul** *en l'an VIII que de celle inaugurée en 1790.* Le cadre seul est resté. Si le Conseil général n'est plus nommé par le pouvoir central, ni lui, ni ses délégués n'ont aucun pouvoir d'exécution qui leur soit propre : il n'administre pas ; les membres du Conseil de préfecture, destinés à être seulement des juges, toujours nommés par le pouvoir central, se sont immiscés dans l'administration du département ; enfin le Préfet de 1915 demeure, comme celui de l'an VIII, l'agent du Gouvernement : mais au lieu d'être son intermédiaire, il possède depuis le décret-loi de 1852, dit de décentralisation, des pouvoirs personnels beaucoup plus étendus.

D'autres considérations interviennent : depuis la loi de 1871, à mesure que pour répondre à la complexité des besoins sociaux des **Ministères nouveaux** ont été créés, le préfet est devenu dans le département le représentant de chacun d'eux. Sous l'empire des idées sociales qui ont prévalu, en particulier de toutes les lois d'hygiène et de salubrité publiques, d'assistance et de prévoyance, le législateur a multiplié les cas d'intervention du préfet dans la vie provinciale, la tutelle préfectorale pèse plus lourdement qu'à aucune autre époque de notre histoire sur les populations. **Le préfet se mêle aux moindres détails de la vie,** ses interventions trop fréquentes paralysent les initiatives, affaiblissent les caractères et, quand bien même la souveraineté réside dans le peuple et qu'il nomme ses assemblées représentatives, il semble que l'ombre d'un dictateur plane encore sur la France !

Le pouvoir sur les choses s'accroît de l'autorité exercée sur les personnes ; combien de fonctionnaires ont été créés depuis l'an VIII, combien dont la nomination ou la révocation dépendent du préfet ! Et *la* tutelle de l'État *moins rigoureuse en principe, le devient davantage en fait.*

La plupart des **Conseils généraux** se réunissent à peine quelques jours par an, et, sauf ceux de quelques départements très peuplés, discutent avec une timidité excessive, sous l'œil préfectoral, des affaires qu'ils ne peuvent ni instruire, ni faire exécuter.

Si l'on envisage les grands intérêts de la nation, la détestable et très grave répercussion d'un mauvais partage des attributions se manifeste également : des **ministres** qui ne peuvent résoudre les multiples questions qui leur sont journellement posées par leurs représentants effrayés de se décider eux-mêmes, des bureaux qui trop souvent traitent sans intérêt celles qui leur sont soumises, les étouffent dans les intrigues ou les laissent sommeiller par inertie, des assemblées nationales qui ont à régler toutes choses et s'effritent en de multiples commissions, s'attardant à des discussions peu importantes et ne peuvent se consacrer en toute indépendance, comme elles devraient le faire, à la seule étude et à la solution des grandes questions d'intérêt national.

Nul ne niera que le seul remède à ce mal est de décongestionner le travail parlementaire, de diminuer les charges écrasantes du pouvoir exécutif, de ses services et de ses représentants.

Sans augmenter les prérogatives des Assemblées provinciales, cela n'est pas possible.

Heureuses conséquences des réformes proposées.

Les **Régions** peuvent, dans beaucoup de cas, mieux réussir que l'État. Dans toutes les entreprises de travaux publics, par exemple, autres que les travaux présentant sans conteste des avantages nationaux et pour lesquels il ne s'est pas spécialement organisé, il est difficile pour l'État d'aboutir. Les demandes lui arrivent si nombreuses qu'il ne peut les satisfaire toutes ; même s'il se décide, il dose ses crédits et, de loin, ne peut que mal surveiller l'exécution du travail.

Dans toutes les questions d'hygiène, d'assistance et de prévoyance sociales, quand l'État doit légiférer, il se heurte à des difficultés presque insurmontables. Il doit faire des lois complexes, prévoir pour des cas multiples des solutions moyennes ; au contraire, les Assemblées régionales peuvent mieux connaître les conditions du lieu ou de la profession, mieux apprécier les besoins, mieux les satisfaire.

Loin de s'opposer à l'organisation collective de la vie

qui est devenue essentielle pour la prospérité des peuples, l'organisation régionale la facilitera au contraire. Les Français de 1915 n'ont plus les conceptions sociales du siècle dernier : ils ne sont plus individualistes, ils n'attendent plus tout de l'État, mais ils demandent à l'État de faciliter la mise en commun de leurs intérêts toutes les fois que les conditions économiques le commandent.

Ils veulent librement discuter entre eux de ces intérêts ; dans la mesure du possible, il faut leur en donner moyen. L'État peut y consentir d'autant plus facilement que cette discussion doit avoir lieu dans une Assemblée régionale et non dans une Assemblée départementale, car plus une assemblée est importante, plus est grand le territoire qu'elle représente, plus il lui est aisé de se soustraire aux intérêts locaux et de s'élever à la compréhension des intérêts généraux.

Et l'on demeure étonné lorsqu'on songe que, par une étrange anomalie, les lois françaises accordent aux Assemblées élues par les populations urbaines, en ce qui concerne tout au moins les pouvoirs d'exécution, plus d'autonomie qu'aux populations rurales et urbaines réunies. La comparaison de la loi municipale de 1884 et de celles qui régissent, depuis 1871, le département, est suggestive à cet égard et l'on en conclut que l'État peut, sans crainte, donner aux Assemblées régionales des pouvoirs plus étendus qu'aux Conseils généraux.

C'est sous l'empire de ces considérations que la présente proposition de loi a été rédigée.

Discussions des articles.

Sans analyser tous ses articles, il est essentiel d'en discuter les lignes principales et de démontrer comment son auteur s'est efforcé de répondre au triple but qu'il s'était proposé.

Il ne pouvait le faire sans tenir compte de l'état de choses actuel. Il s'est efforcé de rédiger un texte de loi susceptible de s'appliquer immédiatement, sans provoquer une trop grande perturbation dans l'Administration générale du pays basée sur des principes centralisateurs et, dans beaucoup de cas, sur la coopération de l'État et des communes.

Une grande réforme comme celle que nous soumettons au Parlement pose de nombreuses questions subsidiaires.

Certains esprits qui se sont mis d'accord sur les lignes générales peuvent les envisager de façon différente. Elles ont leur valeur mais il ne faut pas cependant s'y attarder ; ce serait une grave erreur, dans la situation présente, de ne pas faire une réforme complète, avec de larges vues d'ensemble et qu'une réforme qui prend pour départ la formation et l'organisation de grands cadres administratifs aboutisse simplement à quelque remaniement de la loi municipale ou à la constitution d'une Assemblée cantonale.

Si la réforme administrative n'est pas envisagée comme une œuvre supérieure et comme une grande réforme d'État, mieux vaut ne pas la discuter et ne pas l'entreprendre.

Organisation intérieure de la Région. — Maintien de l'arrondissement.

La première des questions secondaires qui se pose est la suivante : Faut-il maintenir, en créant la Région, une ou plusieurs des circonscriptions déjà existantes et, si oui, lesquelles ?

Telles qu'elles devront être, les Régions, cela n'est pas douteux, seront trop grandes pour ne pas être elles-mêmes subdivisées en circonscriptions plus petites groupant un plus ou moins grand nombre de communes ; après avoir envisagé toutes les solutions qui nous semblaient possibles, nous nous sommes arrêtés à la suivante :

Supprimer le département, conserver l'arrondissement en l'organisant mieux, ne pas modifier le canton.

Cette solution de la réforme administrative, nous le savons, soulèvera de nombreuses critiques.

Tout en admettant la formation des Régions, les uns veulent, en effet, conserver le département. Ils sont effrayés des difficultés assez grandes qu'offre la liquidation de son actif et de son passif, déclarent insolubles les liens qui unissent depuis cent ans ses habitants et envisagent avec crainte les répercussions que sa suppression entraînerait.

D'autres, au contraire, comme nous, le condamnent. Parmi ceux qui soutiennent l'une ou l'autre de ces deux thèses, les uns demeurent partisans de l'arrondissement, veulent lui donner la personnalité civile et accroître les pouvoirs de son conseil, tandis que d'autres s'acharnent contre lui, le déclarent factice et sans raison d'être.

Enfin, parfois, les détracteurs comme les partisans de l'arrondissement ou du département, préconisant l'organisation cantonale, veulent créer une Assemblée cantonale avec des attributions importantes, tandis que d'autres en affirment l'inutilité.

Le tableau suivant résume ces combinaisons diverses :

Région.	Département.	Arrondissement.	Canton organisé.	Commune.
Région.	Département.	Arrondissement.	»	Commune.
Région.	Département.	»	Canton organisé.	Commune.
Région.	»	Arrondissement.	Canton organisé.	Commune.
Région.	Département.	»	»	Commune.
Région.	»	»	Canton organisé.	Commune.
Région.	»	Arrondissement.	»	Commune.

Les opinions de chacun méritent d'être discutées et il nous faut dire pourquoi nous avons préféré, entre toutes, la dernière.

Maintenir le département, tout en créant la Région, présente de graves inconvénients. Il est presque impossible, en effet, de séparer les attributions de l'Assemblée régionale et du Conseil général, de donner à une des deux Assemblées des pouvoirs très différents, de doter simultanément l'une et l'autre Assemblée d'un budget assez important répondant aux intérêts généraux qu'elles auraient à administrer.

Conserver, d'autre part, une assemblée comme le Conseil général, tout en diminuant ses attributions, serait une détestable mesure. Entre les assemblées régionales et départementales placées trop près l'une de l'autre, presque immédiatement, par la force des choses, des conflits prendraient naissance et une lutte contraire au bien du pays se perpétuerait fatalement entre elles, car elles procèdent de la même origine et forcément, à cent ans de distance, la région doit, dans la pensée des législateurs de 1915, répondre aux besoins pour lesquels les hommes de 1789 créèrent le département.

Une autre considération s'impose : dans un pays où les communes rurales sont pour la plupart aussi petites et peu peuplées que les nôtres, il faut qu'une Assemblée pas trop éloignée des communes traite la plupart des questions locales qui dépassent le cadre communal ; le conseil général paraît bien éloigné pour jouer ce rôle.

Si donc le département était conservé, il faudrait intercaler entre lui et la commune une autre circonscription administrative, soit le canton, soit l'arrondissement, et avoir quatre et non trois circonscriptions, ce qui complique le système administratif au lieu de le simplifier.

Mieux vaut donc supprimer le département.

Or, l'organisation du canton ne semble pas s'imposer davantage. Ce qui lui vaut des partisans c'est le manque d'organisation communale. Il y a certes trop de **communes en France.** Entre ces communes cependant, comme entre les départements, les communications sont devenues plus aisées et les relations plus fréquentes : un mouvement général pousse vers la plus grande commune, et il semble très préjudiciable à l'intérêt du pays de conserver un aussi grand nombre de communes, que leur faible population, leur exiguïté, leur manque de ressources rendent difficiles à administrer.

Il faut, en conséquence, que les gouvernants, que les législateurs encouragent par des conseils ou des lois la fusion de deux ou trois, voire même de plusieurs communes entre elles, ou que celles-ci soient incitées à profiter plus largement des facilités accordées par la loi relative aux syndicats de communes. Mais est-il nécessaire pour cela d'organiser une assemblée cantonale, de lui donner des pouvoirs administratifs ?

Le canton ne groupe que quelques communes, et s'il paraît cependant trop grand pour absorber toute la vie communale, il est bien petit pour discuter des intérêts généraux des communes.

Si le Conseil général était supprimé, l'Assemblée cantonale, à cause de l'exiguïté du canton, ne pourrait recevoir les pouvoirs et les attributions qui, retirés au Conseil général, ne doivent pas cependant être transférés aux Assemblées régionales.

L'arrondissement nous paraît beaucoup plus qualifié pour cela.

Si le conseil d'arrondissement est demeuré jusqu'à ce jour inactif, c'est qu'il n'avait pas de pouvoirs bien déterminés, pas de personnalité civile, pas de domaine à administrer ; c'était à peine s'il avait un statut légal, toutes choses que lui donne la présente proposition de loi. Après une longue léthargie, il s'éveillera à la vie. D'ailleurs, dans les polémiques qui sont dirigées contre les arrondissements et les sous-préfets, il entre très souvent des considérations étrangères au système administratif. Beaucoup ne voient en l'arrondissement qu'une circonscription électorale trop petite pour les élections législatives ; enfin, combien veulent supprimer les sous-préfets qui, pressés de questions, admettent de les remplacer par quelque secrétaire de préfecture.

D'autre part, l'examen de la carte de France nous a démontré que si, lors de la formation des régions, plusieurs départements n'étaient pas fractionnés, certaines grandes villes régionales ne pourraient se trouver englobées dans la même circonscription administrative que les territoires sur lesquels elles exercent sans conteste leur force d'attraction.

Pour faire une bonne division régionale, il faut briser quelques départements, donc procéder à un nouveau groupement des arrondissements.

Enfin et surtout, il nous a paru utile de conserver une circonscription administrative de moyenne étendue qui, tout en permettant aux services d'État de fonctionner comme par le passé et à l'administration générale de l'État de se poursuivre facilement dans la période de transition nécessaire à une complète organisation de la Région, accroisse cependant la décentralisation ; car transporter du département à l'arrondissement beaucoup de services publics, c'est décentraliser.

Cette considération admise, il nous a fallu prévoir toute l'organisation de l'arrondissement. Les articles 60 à 99 y sont consacrés.

La formation des conseils d'arrondissement et de la commission d'arrondissement, leurs pouvoirs, ont été précisés ; autant que possible, pour les raisons précitées, les textes qui règlent l'administration de l'arrondissement ont été calqués sur ceux actuellement en vigueur dans les départements. Le conseil d'arrondissement recueille vis-à-vis des communes beaucoup des pouvoirs des conseils généraux.

L'arrondissement a la personnalité civile, un domaine ; les décisions du conseil d'arrondissement ont la même force exécutoire que celles du conseil général.

Il paraît inutile d'entrer dans la discussion de ces articles et il nous semble préférable de résumer et d'expliquer ceux, plus nouveaux, qui traitent de l'organisation régionale, d'indiquer comment nous envisageons, en tenant compte des conditions économiques précédemment exposées, la formation de la Région, la composition de l'Assemblée régionale, la nomination de la commission régionale, les pouvoirs de l'une et de l'autre, le budget régional et la composition des tribunaux administratifs.

Comment procéder à la division du territoire en Régions ?

Pour préparer pratiquement une bonne division de la France en régions, il faut, croyons-nous, faire **coopérer le Gouvernement avec tous les intéressés.**

Les législateurs, le principe une fois ordonné, ne doivent pas intervenir ; les laisser participer à la discussion serait de nature à mêler à des considérations plus utiles des questions de politique étroite, souvent contraires aux besoins économiques, dont on voudrait les contraindre à être les porte-paroles.

Dans notre projet, au Gouvernement seul appartient le droit de désigner les douze membres qui doivent former le **Comité de constitution** pris en dehors du Parlement. Il devra les choisir parmi les géographes, les historiens et les économistes les plus éminents du pays.

Les délais impartis au comité de constitution pour achever son œuvre sont certes très courts, mais, après la guerre, il faudra agir vite.

Le comité établit une **carte régionale** de la France en procédant à un groupement nouveau des arrondissements.

Cette carte sert de base à une **vaste enquête** que le Comité sera tenu de faire auprès des groupements professionnels, syndicats, associations, chambres de commerce, etc.

Après l'enquête, le Comité émet de nouvelles propositions qui deviennent définitives, si les électeurs ne protestent pas contre elles. Toutefois, si le besoin s'en faisait sentir, les limites des circonscriptions régionales pourraient être ultérieurement modifiées sous certaines conditions.

Notre proposition de loi ne vise que le territoire européen de la République ; elle n'innove rien en ce qui concerne l'Algérie et les colonies. D'autre part, elle s'applique sans exception aucune à tout le territoire. Aucun règlement spécial n'a été prévu pour le département de la Seine ou la région de Paris. Il a été admis que Paris, tout en ayant un rôle national, était le centre d'une région et jouait vis-à-vis d'elle le rôle de capitale régionale ; cette région existe et ceux qui auront à tracer la carte régionale de la France devront en fixer les limites. D'ailleurs, la loi ne touche en rien l'organisation municipale de la capitale.

Formation de l'Assemblée régionale. Comment est assurée la représentation des intérêts économiques.

En ce qui concerne la composition de l'Assemblée régionale, nous nous sommes efforcés de rechercher un système qui, tout en respectant le principe du suffrage universel et la liberté de l'électeur, facilite l'accession à cette assemblée des représentants de toutes les grandes branches de l'activité régionale.

Son mécanisme est simple : le vote a lieu au scrutin de liste.

Les électeurs ayant exercé ou exerçant des professions analogues peuvent se grouper ensemble, puis doivent voter ensemble pour élire des candidats de leur choix. L'inscription sur les listes spéciales n'est pas obligatoire; ceux qui le désirent peuvent demeurer inscrits sur la liste générale, qui comprend aussi les électeurs sans profession.

La liste des professions est dressée par décret et divisée entre les cinq grandes catégories suivantes :

Agriculteurs,
Commerçants,
Industriels,
Professions libérales,
Fonctionnaires.

Nul ne peut être inscrit sur deux listes, nul ne peut être élu par les électeurs d'une liste où il n'est pas inscrit, si ce n'est par ceux de la liste générale.

Pour que chacune des grandes listes électorales, quel que soit le nombre de ses électeurs, soit sûrement représentée et ait un nombre de sièges correspondant à sa valeur numérique, avant le vote, les **sièges de l'Assemblée** devront être ainsi **répartis** entre les listes : la première moitié sera attribuée par quantités égales entre les listes, la seconde moitié sera répartie entre les listes, au prorata du nombre des électeurs.

Afin d'assurer une représentation certaine des **salariants** et des **salariés** de chaque profession, si elle était reconnue nécessaire, sur la demande du quart des syndicats légalement constitués dans la région, la moitié des sièges revenant sur la première moitié à chaque catégorie pourra être réservée aux salariants, l'autre moitié aux salariés, tous les candidats devant être soumis par ailleurs à des conditions d'élection identiques.

Enfin, il a paru équitable aussi que les femmes, sous certaines conditions, fussent comprises sur les listes électorales.

Le mandat de sénateur ou de député est incompatible avec celui de membre de l'Assemblée régionale. En effet, outre que le cumul des fonctions électives doit être généralement condamné, les sessions de l'assemblée régionale pourront durer plusieurs semaines, et cela pendant que les Chambres seront convoquées.

Il y aurait donc impossibilité matérielle de siéger dans les deux assemblées, mais les Sénateurs et Députés de la Région pourront demander à être entendus par l'assemblée régionale, de façon à rendre plus étroite la coopération de ces assemblées avec les Assemblées nationales.

Les sièges de l'Assemblée régionale ne devront pas demeurer vacants. En effet, à cause de la répartition préalable des sièges entre les grandes catégories professionnelles, si une ou deux vacances se produisaient parmi les élus d'une même liste, l'Assemblée serait déséquilibrée; c'est pourquoi la désignation de suppléants tout d'abord, et même des élections partielles si des vacances se produisaient, ont été prévues.

Enfin, contrairement à ce qui se passe actuellement pour l'élection au Conseil général, si un citoyen est élu dans deux ou plusieurs Assemblées régionales, il sera mis dans l'obligation d'opter.

Organisation de la Région.

La Région aura, cela va de soi, la personnalité civile et le droit d'ester en justice ; le président de la Commission régionale, sous le contrôle de cette Commission, placée elle-même sous le contrôle de l'assemblée, exécutera par délégation, en ce qui concerne les affaires régionales, les décisions de l'Assemblée, administrera les grands services et nommera tous les employés régionaux.

Mais, pour permettre la gestion du domaine régional par l'Assemblée, il faut rompre avec l'anomalie créée par la loi de l'an XII, il faut séparer le domaine de l'État du domaine régional ; l'État doit reprendre la possession des bâtiments et locaux affectés aux services d'État. Le préfet régional les administrera.

Le cadeau qui fut fait sous le Consulat aux départements, tout en étant onéreux pour eux à cause des frais d'entretien, s'expliquait cependant. Toutes les autorités départementales : préfet, conseiller général, conseiller de préfecture, étaient en effet nommés par le pouvoir central, il n'y avait en fait qu'un domaine et des administrateurs nommés par l'État ; la conséquence était logique, mais cette donation aurait dû être rapportée, dès que le Conseil général fut devenu électif et les bâtiments auraient aussitôt dû faire retour à l'État.

Des pouvoirs de l'Assemblée régionale.
Leur rôle économique et social.

Quels devront être les pouvoirs de l'Assemblée régio-

Elle ne peut recevoir du premier coup tous ceux qu'elle devra posséder dans la suite. Il faut qu'elle fasse auparavant ses preuves. Si convaincus que nous soyons de l'utilité de diminuer les interventions de l'État dans la vie provinciale, si persuadés que nous soyons que l'État devra ultérieurement abandonner à la Région la tutelle des communes et des arrondissements et prendre la charge de tout ce qui n'est pas de droit attribution souveraine, notre avis est de procéder progressivement.

C'est une garantie de succès; un essai infructueux provoquerait une réaction vers le système centralisateur actuel.

De plus, notre droit administratif, presque toutes nos lois sociales sont basés sur les rapports directs qui existent entre la commune et l'État; ils ne peuvent être rompus d'un coup.

C'est pourquoi, en ce qui concerne la **tutelle des communes**, les pouvoirs de l'Assemblée régionale ne surpassent pas ceux des conseils généraux; tout au contraire, comme cela a déjà été dit, beaucoup des attributions des conseils généraux ont été transférées aux conseils d'arrondissement, qui demeurent sous le contrôle direct des sous-préfets, placés eux-mêmes sous le contrôle du préfet régional.

Mais la proposition de loi, telle que nous l'avons rédigée, donne immédiatement aux hommes les plus qualifiés de toute une Région la possibilité de s'occuper de toutes grandes questions régionales. Pour le moment n'est-ce pas assez?

Ils deviennent les **administrateurs de tout le domaine régional**, ils le gèrent avec plus de soin que les représentants de l'État trop souvent préoccupés de faire, en satisfaisant ou en ménageant les partis et les coteries politiques, une carrière brillante, qui n'ont pas, fortement ancré en eux, le désir d'entreprendre des œuvres de longue haleine et, si bien intentionnés, si bons administrateurs qu'ils soient, ambitionnent, comme seule récompense de leurs efforts, une situation plus élevée, qui en un mot, sont destinés à passer dans les préfectures alors que les hommes du pays demeurent au pays !

Les attributions de l'Assemblée sont toutefois forcément limitées. La conception des États-Unis d'Amérique ne s'applique pas ici. Dans cette confédération est attribution « d'État », c'est-à-dire en l'espèce de la « Région », tout ce qui par définition n'est pas attribution fédérale ; en France au contraire, où la souveraineté appartient à la nation, tout est, sans définition aucune, attribution d'État.

C'est pourquoi il faut définir les attributions des Assemblées régionales qui ne sont pas souveraines.

La loi de 1790 indiquait les pouvoirs des Conseils départementaux par des phrases très générales, celle de 1838 les fixa avec une grande minutie et codifia toute la jurisprudence de l'époque, celle de 1871 également.

Pour éviter ces deux écueils et donner aux Assemblées régionales le plus de latitude possible, tout en sauvegardant les droits de l'État, nous nous sommes efforcés de stipuler aussi exactement que nous avons pu leurs pouvoirs, sans entrer dans une multitude de détails.

L'Assemblée régionale statue sur toutes les affaires régionales. De ce chef, elle pourra entreprendre ou encourager tous les grands **travaux publics** qui intéressent ses habitants : chemins de fer locaux, distribution d'eau, de force, lumière électrique, canaux, routes, ports, elle pourra assurer tous les services publics dont dépend le développement de son territoire, doter la région d'un outillage économique vraiment moderne et organiser le crédit.

En ce qui concerne l'**enseignement** général, il ne paraît pas qu'elle doive encore en prendre la charge. L'État, en s'appuyant sur les communes, a organisé l'enseignement public. Il y a intérêt, pour maintenir l'unité de l'instruction générale du pays, à ne pas toucher à cette grande œuvre.

Mais quelle différence pour l'**instruction professionnelle** ! Celle-ci doit se plier aux conditions locales et l'État n'a jamais pu et ne pourra jamais parvenir à ce but. C'est une douloureuse constatation que, dans un pays aussi riche que le nôtre en génies inventifs, les applications scientifiques semblent presque impossibles à propager; il y a entre les hommes de sciences et les hommes pratiques comme une cloison étanche. Ils s'ignorent, ils ne participent pas à une œuvre commune.

Dans la Région, quelle tâche admirable sollicite les savants! Des professeurs aidés par tous les praticiens de la Région, des hommes instruits placés sous la dépendance directe des habitants et rémunérés par eux s'efforceront de mériter leurs récompenses et leurs éloges; demeurant attachés au pays, ils se passionneront pour y introduire les méthodes les meilleures et y propager les découvertes les plus intéressantes.

L'Assemblée régionale pourra créer, auprès des universités régionales, des chaires, des laboratoires, des locaux d'expérimentation ; elle le fera avec la pleine connaissance des besoins locaux. Ici une chaire de chimie, ailleurs une chaire d'électricité, là une chaire d'enseignement agricole, de sylviculture, d'économie rurale, d'industrie métallurgique, puis les recherches terminées et une doctrine adaptée aux divers milieux étant établie, des écoles pratiques de différents degrés seront fondées, soutenues ou entretenues par la Région pour mettre à la portée de toutes les intelligences une instruction professionnelle appropriée à la nature et aux besoins du pays et donnant ainsi à tous la possibilité d'augmenter le rendement de leur travail.

L'Assemblée régionale soutiendra les artistes et les écrivains qui, attachés au sol, imprégnés de son charme, donneront à leurs œuvres ce caractère particulier qui en fait la saveur.

Elle devra, cela va sans dire, encourager les œuvres d'initiative privée qui se proposeront des buts utiles, soutenir les associations ou syndicats institués pour défendre les intérêts particuliers de leurs membres.

Elle devra aussi faciliter la mise en commun de toutes les ressources régionales, instituer les services publics nécessaires et provoquer les organisations collectives si utiles à notre état social ; mais son rôle doit être plus élevé encore, elle aura une grande **tâche sociale** à remplir, c'est elle qui devra veiller ultérieurement à l'hygiène et à la santé publiques, être l'organisatrice de l'assistance et de la prévoyance sociales.

Jusqu'ici, presque toutes les **grandes organisations sociales** ont été réglées par l'État, elles reposent sur le concours de la **commune et de l'État**, le département n'apporte son obole que presque contraint et forcé. Tel ne doit pas être le rôle de la Région, elle doit prendre des initiatives et son action doit être féconde.

Beaucoup de nos lois sociales jouent mal, parce qu'elles ont été faites sur un mode uniforme. L'Assemblée régionale pourra prendre des mesures qui faciliteront leur application et, en les complétant par des règlements appropriés aux conditions spéciales, les rendre plus bienfaisantes.

Elle peut aussi innover : le vaste champ de l'action sociale n'a pas de limites. Certes les lois pourront réserver à l'avenir aux Assemblées régionales une participation plus grande qu'aux conseils généraux, mais les Assemblées régionales, se fiant surtout à elles-mêmes, devront s'ingénier à organiser les secours aux moins heureux de leurs habitants.

L'individu malade, âgé, malheureux, reste à la charge de la société ; c'est une des conditions de la vie moderne où le manque de stabilité dans l'habitat a relâché l'appui familial. Dans beaucoup de contrées, le coût de la vie et les salaires semblent s'équilibrer au plus juste prix pour le ménage valide qui n'a que peu d'enfants.

Il faudra que les Assemblées régionales, par des règlements appropriés, par toute une organisation moderne, compensent ces inégalités, développent la natalité, instruisent la jeunesse, secondent les travailleurs, protègent les malades, les vieillards et les infirmes.

Il faudra aussi qu'elles se préoccupent de la santé publique, assainissent les demeures, édictent les règlements, prennent toutes les mesures propres à peupler les villes comme les campagnes d'une race saine et forte.

L'Assemblée régionale, comme le Conseil général, est appelée à émettre certains avis ou à exprimer des vœux, elle peut les soumettre directement aux ministres compétents.

Comme le conseil général, elle statue dans certains cas, dans d'autres, délibère.

Enfin, en ce qui concerne la force exécutoire de ses décisions, il a paru inutile de faire des distinctions. L'article 47 prescrit que toutes les décisions de l'Assemblée sont exécutoires si, dans un délai de dix jours, le préfet régional ne s'y oppose pas; mais celui-ci n'a le droit d'intervenir que s'il y a excès de pouvoir ou si la loi ou les règlements d'administration publique sont violés.

Cette condition paraît être pour l'Assemblée régionale la conséquence logique du droit d'administrer elle-même, ou par ses délégués, les affaires régionales et de tout ce que nous avons précédemment exposé sur le besoin urgent d'organiser économiquement le pays; elle pourra aussi trancher presque toutes les questions qui l'intéressent, sans qu'aucun retard provenant des agents du pouvoir central ne s'oppose à leur exécution.

Cette liberté est d'ailleurs restreinte par l'exercice du contrôle financier et par le fait que les ressources qui doivent faire face aux dépenses extraordinaires sont mises à la disposition des budgets régionaux par la loi de finances.

Ainsi, le pouvoir central et les Assemblées nationales ont la possibilité de s'opposer à l'exécution des décisions de l'Assemblée régionale qui pourraient avoir sur les finances régionales des conséquences fâcheuses.

Mais, du moment que ces décisions ne violent ni les lois, ni les règlements, ou n'engagent pas le budget régional au delà des limites permises, elles sont immédiatement exécutoires, sans que le fond de la question puisse être discuté.

L'Assemblée fait son règlement intérieur, mais elle est

soumise à un règlement général analogue à celui présentement appliqué aux conseils généraux.

Les réunions des Assemblées régionales seront assez fréquentes. Trois sessions ordinaires ont été prévues; leur date a été fixée en tenant compte des nécessités budgétaires et des périodes d'activité industrielle et commerciale.

Du Préfet régional.

Cependant une Assemblée non souveraine doit trouver une limite à ses pouvoirs et être placée sous le contrôle des représentants du pouvoir central.

D'après notre proposition de loi, le **Préfet régional**, quoique n'administrant pas le domaine régional ou les affaires régionales, aura cependant un rôle extrêmement important et des pouvoirs précis : il administrera le domaine de l'État, veillera à ses services, il aura le moyen de contraindre les Assemblées régionales à s'acquitter de leurs obligations, transmettra au Ministre le budget de la Région avec ses observations, exercera un contrôle direct sur la légalité des décisions de l'Assemblée régionale, sur les actes de ceux qui les exécutent en son nom, enfin, par les **sous-préfets** placés sous son contrôle dans chaque arrondissement, dans l'arrondissement comprenant le chef-lieu de Région comme dans les autres, il exercera une surveillance constante sur l'administration des communes et sur les conseils d'arrondissements; mais, libéré des préoccupations de l'administration compliquée qui absorbe le temps du préfet actuel, il pourra avoir, au nom du Gouvernement, une très grande action personnelle sur le développement de la Région.

Au lieu de subir, comme ce préfet, le contrôle de la Commission départementale et de son président, contrôle qui s'accorde mal avec le rang et le prestige d'un représentant du pouvoir central, il sera, s'il comprend la grandeur de sa tâche, le conseiller du président de la Commission régionale.

De la Commission régionale : ses pouvoirs ; ceux de son Président.

Cependant, c'est surtout par le rôle actif de cette Commission, c'est par les pouvoirs d'exécution donnés à son président que notre proposition de loi accroît considérablement l'autonomie des populations provinciales.

Cette Commission a des pouvoirs permanents et, proportions gardées, son **président** exerce vis-à-vis de la Région des attributions analogues à celles du maire dans la commune.

La **Commission** régionale devra être composée en respectant le principe de la représentation des intérêts économiques, sur lequel s'appuie la nomination de l'Assemblée régionale tout entière : la moitié des sièges, si elle est composée de 12 membres ; les deux tiers, si elle est composée de 18, sont réservés dans des proportions égales à des membres élus par chacune des six listes électorales.

Ce mode de nomination, en introduisant dans la Commission des représentants qualifiés de toutes les forces vives de la Région, répond au désir si fréquemment exprimé par tant de Français de faire discuter et administrer les affaires publiques par des hommes compétents.

La Commission régionale pourra se subdiviser en **Sous-Commissions permanentes**, comme par exemple celles de prévoyance sociale, d'hygiène, de travaux publics, d'agriculture. Celles-ci pourront se réunir séparément et être consultées par le président de la Commission régionale ; elles constitueront auprès de lui des Commissions techniques de la plus grande valeur.

Pour que le président puisse assumer les charges de l'administration de toute une Région, il devra se faire aider par les membres de la Commission régionale, déléguer à quelques-uns d'entre eux certains de ses pouvoirs. Il devra aussi diriger, avec leur concours, les services indispensables à l'administration régionale. Tous auront un travail considérable, il semble juste qu'ils reçoivent une indemnité.

Le président de la Commission régionale a non seulement l'administration de la Région, la nomination des fonctionnaires régionaux, l'ordonnancement des dépenses, mais c'est lui et non plus le préfet qui aura l'instruction des affaires intéressant la Région; par là son rôle grandit encore et il peut exercer une énorme influence sur les Assemblées.

Il a paru bon, par contre, de limiter ses pouvoirs. Si un **conflit** s'élève entre lui et la Commission, la question est renvoyée par le préfet devant l'Assemblée régionale; enfin, en cas d'actes illégaux, le préfet peut ou les déférer au Conseil d'État ou prendre l'initiative de convoquer l'Assemblée régionale et la mettre à même de statuer sur les faits. Par là, le pouvoir central reste armé contre tout acte répréhensible qui serait fait par le président de la Commission régionale.

Du budget et des finances régionales.

Le budget régional est calqué sur le budget départemental; d'ailleurs, une loi assez récente, celle du 30 juin 1907, a beaucoup simplifié ce dernier et a achevé de l'affranchir des règles très étroites où la loi de 1830 l'avait enserré.

Les **recettes** sont d'une nature double; ordinaires ou extraordinaires, les **dépenses** de deux autres : obligatoires ou facultatives. Le préfet peut imposer les dépenses obligatoires.

Dans la situation de nos finances, une des plus graves difficultés qui se présente est de donner à la **Région** un budget suffisant pour pouvoir faire face aux multiples dépenses sans lesquelles elle n'aurait pas la raison d'être.

Il ne faut pas songer, surtout dans la crise actuelle, à diminuer sensiblement les ressources de l'État; de plus, comme les budgets régionaux doivent pourvoir à beaucoup de dépenses nouvelles qui ne sont pas actuellement engagées par l'État, ce n'est pas par prélèvement sur le budget actuel de l'État qu'elles auraient pu trouver des ressources suffisantes.

Les départements tirent, à l'heure actuelle, leur principale ressource des centimes additionnels aux quatre vieilles contributions directes. La loi de finances répartira donc chaque année entre les deux nouveaux budgets, celui de l'arrondissement et celui de la région, le revenu de ces contributions et fixera la quotité des centimes qu'elles pourront elles-mêmes s'imposer.

Mais ces contributions sont condamnées à disparaître, tout au moins à être modifiées et remplacées par l'impôt cédulaire établi sur des bases parfois analogues, mais mieux adaptées aux conditions économiques de notre temps, telles que les cédules sur les valeurs mobilières ou immobilières, les cédules sur les salaires et les divers revenus provenant du travail ou des bénéfices.

Si les impôts sur les cédules des valeurs mobilières ou immobilières atteignent le capital déjà acquis ou son revenu, et si leur rendement peut, en conséquence, largement bénéficier de la richesse existante, les impôts sur les deux dernières cédules, celles sur les revenus et les salaires ne peuvent rendre qu'en proportion du dévelopement économique. Ces impôts qui ont rencontré de fortes oppositions seraient, s'ils étaient perçus au profit de la région, mieux acceptés, car ceux qui auraient à les payer sauraient qu'ils contribueraient à développer la prospérité régionale et qu'ils seraient dépensés sous leur contrôle direct ; d'autre part, du fait même que leurs revenus seraient employés sur place dans des conditions excellentes, ils développeraient la richesse et deviendraient par là même de plus en plus productifs : ainsi la **RÉFORME RÉGIONALE RENDRA INDISPENSABLE L'ACHÈVEMENT DE LA RÉFORME FISCALE ET LUI CONQUERRA DE NOMBREUX PARTISANS.**

Mais la formule adoptée par l'école de Nancy : les impôts

directs à la Région, les impôts indirects à l'État, ne peut être reprise par nous : il y a des impôts directs adoptés par beaucoup de nations, comme l'impôt global sur le revenu, qui ne doivent pas être des impôts régionaux. Enfin il faudra tenir compte du facteur suivant : si le taux de certains impôts cédulaires était plus élevé dans certaines Régions que dans d'autres, de fâcheux exodes de capitaux ou de personnes se produiraient; tout ce qui pourra être déplacé aisément d'une Région dans une autre, devra, sous peine d'échapper aux finances régionales, être frappé d'un taux égal dans toute l'étendue de la France.

Les Assemblées nationales resteront seules maîtresses de fixer les bases de l'impôt; par la loi de finances, elles continueront à régler dans quelles conditions les Régions pourront s'imposer elles-mêmes et devront tenir compte, pour éviter de jeter la perturbation dans les finances, des considérations énoncées plus haut. Mais outre ces revenus et ceux qui alimentent déjà les budgets départementaux, revenu du domaine, dons et legs, etc.., la Région devra accroître son budget par les revenus des travaux exécutés par elle et l'exploitation de ses services publics.

Ceux-ci devront être de plus en plus importants; ils sont acceptés par les populations et chaque jour se développe l'idée que les bénéficiaires directs d'une grande entreprise publique doivent contribuer à en solder les frais; c'est une des meilleures solutions du problème fiscal.

Quant à la gestion des finances régionales, nous avons prévu qu'elle sera, comme présentement, assurée par les agents de l'État chargés de percevoir les impôts et de solder les dépenses, mais le président de la Commission régionale aura le pouvoir de les ordonnancer.

Fonctions personnelles des membres de l'Assemblée régionale.

Les fonctions personnelles des conseillers généraux ont été réparties entre les membres de l'Assemblée régionale et les conseillers d'arrondissement; toutefois, à cause du mode des élections sénatoriales que la présente proposition de loi ne change pas, les membres de l'Assemblée régionale ne sont pas de droit délégués sénatoriaux.

Enfin, les Assemblées régionales conservent le devoir, jusqu'ici attribué aux Conseils généraux, de concourir au **maintien de l'ordre**, si les Chambres étaient illégalement dissoutes ou empêchées de se réunir et de contribuer à la constitution d'une Assemblée chargée, entre autres choses de rétablir aux Chambres la plénitude de leur indépendance, et l'exercice de leurs droits.

Tribunal administratif régional.

La division de la France en Régions rend possible une réforme extrêmement importante qui fit l'objet d'un projet de loi déposé sous la présidence de M. Fallières, le 22 juin 1907, par un décentralisateur convaincu, M. Georges Clemenceau, alors ministre de l'Intérieur.

Il avait pour but, en supprimant les **conseils de préfecture** et en les remplaçant par une vingtaine de tribunaux administratifs, de remédier à la confusion survenue entre les attributions judiciaires et administratives de leurs membres; l'exposé des motifs qui le précède en donne les raisons avec trop de clarté pour qu'il soit utile de les reproduire ici. Plus de cent ans auparavant, Rœderer, commentant la loi de l'an VII dont il était rapporteur avait insisté sur l'utilité de séparer les fonctions « d'administration proprement dite » et de « jugement au contentieux »;

cette dernière était exclusivement réservée au Conseil de préfecture.

Insensiblement, les conseillers de préfecture furent investis de fonctions administratives; le préfet les préside; celui qui le remplace habituellement, le secrétaire général de la préfecture, fait partie du conseil.

En faisant la réforme régionale, il faut revenir au principe posé par Rœderer.

Nous nous sommes pour cela bornés à suivre les lignes essentielles du projet de loi Clemenceau; toutefois, au lieu de prévoir la création de tribunaux administratifs dont le ressort ne se confondrait pas avec les limites des circonscriptions administratives, nous avons estimé qu'il était indispensable de placer un tribunal dans chaque région. Les affaires seront sans aucun doute assez nombreuses pour occuper les juges. En effet, l'application pratique des découvertes scientifiques modernes pose beaucoup de questions contentieuses nouvelles jusqu'ici inconnues du droit administratif et les magistrats qui siègeront dans les tribunaux administratifs des régions justifieront par leur travail les allocations assez élevées qu'il paraît indispensable dans l'intérêt général de leur accorder.

Trois catégories de contestations pourront naître de l'application de la proposition de loi. Celle-ci les soumet à des juridictions diverses en respectant les règles actuelles de compétence.

Les juges de paix auront à statuer sur les affaires litigieuses relatives à l'établissement des listes électorales, aussi bien sur les inscriptions concernant les listes professionnelles que sur celles concernant la liste générale.

Les tribunaux administratifs régionaux connaîtront en première instance des recours contre les élections aux conseils d'arrondissement; les appels contre leurs décisions et les recours contre les élections aux Assemblées régionales seront jugés par le Conseil d'État, statuant au contentieux.

La législation de 1871 avait sanctionné, en ce qui concerne

les recours contre les délibérations des conseils généraux, un système quelque peu hybride.

Le Gouvernement avait, par simple mesure administrative, par règlement d'administration publique, le droit d'annuler les délibérations prises en dehors des sessions légales ou celles contraires à des textes législatifs.

Les particuliers, au contraire, pouvaient faire tomber les délibérations entachées de nullité par le recours d'ordinaire pour excès de pouvoir.

La proposition de loi unifie la procédure : elle décide que dans tous les cas l'annulation des délibérations des Assemblées régionales ne pourra être prononcée que par le Conseil d'État statuant au contentieux.

Les Assemblées régionales trouveront dans l'instruction publique des recours, dans la faculté de se faire représenter à la barre et de suivre toutes les phases de l'instance, plus de garanties que dans la procédure actuelle où le Conseil d'État est appelé à donner un simple avis au Gouvernement et où la présence à ses délibérations des conseillers d'État en service extraordinaire, et faisant en conséquence souvent partie de l'Administration, donne au Gouvernement une influence sans contrepoids.

Il convient cependant de réserver au pouvoir exécutif ses légitimes prérogatives. La proposition contient à cet égard deux dispositions importantes : pour les délibérations prises hors des sessions ordinaires et radicalement nulles, elle décide que le recours pourra être intenté à toute époque sans qu'aucune prescription puisse être opposée ; pour celles qui auraient violé une loi ou un règlement d'administration publique, le recours du Gouvernement devra être formé dans les délais réglementaires, mais il aura un effet suspensif et la délibération ne deviendra exécutoire que si le Conseil d'État en proclame la validité.

Les mêmes principes ont été admis pour les délibérations du Conseil d'arrondissement. Toutefois, afin de ne pas encombrer le Conseil d'État, les tribunaux administratifs régionaux connaîtront en première instance des contestations sur la validité des délibérations de ces assemblées.

CONCLUSION

Telle est, dans ses grandes lignes, la réforme administrative soumise par nous à la Chambre.

En rédigeant cette proposition de loi, nous nous sommes constamment efforcés d'harmoniser nos institutions futures avec les conditions économiques.

Nous n'avons pas envisagé, comme nous aurions pu le faire, la réforme complète de nos services administratifs ; nous croyons préférable auparavant de séparer les services régionaux des services de l'État et nous n'avons pas voulu encombrer une loi aussi importante de questions secondaires.

Mais est-il besoin de faire remarquer que quand, pour satisfaire les populations provinciales, de grands cadres administratifs seront tracés, l'État devra les adopter pour la répartition de ses services ?

La réforme judiciaire devra suivre la réforme régionale et les services judiciaires, universitaires, financiers s'adapter à la division régionale.

C'est par la simplification des rouages administratifs, c'est en les concentrant dans les Régions au lieu de les disperser dans les départements, qu'une meilleure et plus économique administration d'État sera assurée.

Mais ces réformes ne sont pas les plus urgentes.

L'essentiel est de faire la réforme telle que nous la concevons, la seule qui, en l'adaptant aux besoins modernes, permettra à notre pays, au lendemain de la guerre, de se relever rapidement et qui donnera aux survivants de cette

1. Pour le texte du projet de loi, il sera envoyé à toute personne qui en fera la demande au Siège de la Ligue de représentation professionnelle et d'action régionaliste, 1, rue Euler, Paris.

lutte gigantesque les moyens de réparer nos pertes nationales, de décupler notre puissance économique et de maintenir ainsi notre force militaire, garantie de la paix future et de l'avenir de la France.

PROPOSITION DE RÉSOLUTION

concernant la création de **conseils consultatifs économiques** *par région militaire,*

PRÉSENTÉE

PAR JEAN HENNESSY

Député,

Le 22 Juillet 1915.

MESSIEURS,

A mesure que la guerre se prolonge, *l'usure économique* de la France s'accentue, alors que sa *résistance économique* est une des conditions de la victoire décisive.

Il faut, en conséquence, compléter la mobilisation militaire par la mobilisation économique.

Presque une année de lutte s'est écoulée sans que les efforts de tous aient été, à l'intérieur du pays, suffisamment coordonnés. Chaque ministre dans ses services, chaque général dans sa région, chaque préfet dans son département, chaque maire dans sa commune, ont dû, sans principe directeur, sans renseignements suffisants, sans entente préalable, trancher de leur mieux de multiples questions.

Se fiant à la maîtrise de la mer, comptant sur une guerre courte, préoccupés de ne pas resteindre le bien-être pour maintenir le moral, les Français n'ont pas compris que la guerre devait être conduite avec économie, et que, pendant que les uns se battent, les autres devaient contribuer au succès final par un labeur acharné et méthodique.

Il faut vivre sur nous-mêmes.

Accroître la production intérieure ; importer le moins possible ; développer notre commerce extérieur en profitant de notre situation maritime pour mieux asseoir notre crédit mondial, non pour l'épuiser ; faire appel à nos richesses coloniales ; manufacturer dans nos usines ; produire sur notre sol toutes les denrées alimentaires qui pourraient faire défaut afin d'éviter de coûteux achats à l'étranger ; régler les fournitures et les réquisitions militaires en tenant compte des besoins généraux des populations et des besoins futurs de l'armée ; user dans l'intérêt commun de la main-d'œuvre féminine et de celle des étrangers et des Français chassés par l'envahisseur loin de leur travail coutumier ; réduire les dépenses de luxe des particuliers pour renforcer l'avoir national ; canaliser toutes les bonnes volontés ; assurer un emploi judicieux de chaque individu selon sa valeur technique : telles sont quelques-unes des angoissantes questions qui se posent devant nous et dont la solution appartient au Gouvernement.

Pour les résoudre, il doit s'outiller.

L'œuvre ne peut être menée à bien sans l'unité de direction et la connaissance du détail des choses. Un homme seul peut donner l'impulsion générale. C'est, à défaut d'un Ministre de la Guerre qui serait également Ministre de l'Intérieur, un Président du Conseil sans portefeuille.

C'est donc, en ce moment, au Président du Conseil qu'il appartient de coordonner les efforts trop dispersés des autres Ministres, comme à l'intérieur du pays ceux des autorités civiles et militaires.

Il doit s'entourer à son gré de tous les conseils techniques nécessaires, consulter tout savant, tout professionnel dont l'autorité s'impose, les réunir pour discuter avec eux les problèmes économiques nationaux, avant de les faire trancher par le Gouvernement ou de les soumettre aux Chambres.

Mais il ne doit pas perdre de vue que, dans un pays géographiquement composé comme le nôtre, les régions diffèrent entre elles. A cause de leur variété des milliers d'espèces se présentent qu'il faut connaître instantanément pour dégager l'idée générale et, suivant les cas, dicter la solution immédiate.

Il faut donc, pour créer une base solide, organiser dans chaque région des conseils techniques.

Notre ennemi l'empire d'Allemagne, qui a dû résoudre, étant environné d'armées et privé de la liberté des mers, des difficultés plus grandes que les nôtres, s'est appuyé sur une organisation communale plus forte et une administration plus souple, puisque les États qui le constituent, comme les districts du royaume de Prusse, jouissent d'une autonomie presque complète ; enfin ses savants et ses techniciens, accoutumés à travailler avec les hommes d'État, leur ont spontanément prêté leur concours.

Parce que notre pays, trop centralisé, n'a pas créé en temps de paix la Région administrative, gage de la vitalité économique, et instauré la représentation des intérêts économiques, nous devons, sous le feu du canon, combler cette lacune.

Nous le pouvons en utilisant le cadre de la Région militaire que l'état de guerre nous impose et en faisant appel à l'organisation syndicale existante.

Il importe donc de créer des Conseils économiques consultatifs régionaux composés de la façon suivante :

1° Préfets (ou leurs représentants) des départements qui composent la Région ;

2° Représentants élus par les Chambres de commerce siégeant dans la Région ;

3° Représentants désignés par les bureaux des syndicats agricoles ayant leur siège dans la Région ;

4° Représentants désignés par les bureaux des syndicats commerciaux ayant leur siège dans la Région ;

5° Représentants désignés par les bureaux des syndicats industriels ayant leur siège dans la Région ;

6° Représentants des conseils généraux des départements de la région ;

7° Représentants des Compagnies de transport de la Région ;

8° Représentants du Général commandant la Région et l'intendance régionale.

Ces conseils seraient présidés par l'un des préfets de la Région et correspondraient directement par son intermédiaire avec le Président du Conseil.

Ils se réuniraient une fois au moins par semaine ; ils pourraient s'adjoindre toute personne dont la compétence paraîtrait utile.

Ils seraient saisis par le Président du Conseil de toutes les questions intéressant le développement économique du pays, et pourraient, sur l'initiative de leurs membres, se saisir de toute question qui leur paraîtrait opportune et la signaler sous une forme concise au Président du Conseil.

Ils seraient consultés par leur Président pour éclairer les représentants du Gouvernement et les autorités militaires sur les besoins de la Région, ses ressources et leur meilleure utilisation.

De tels conseils rendraient, tant au point de vue local que général, de très grands services.

J'ai donc l'honneur de vous proposer le vote de la résolution suivante :

PROPOSITION DE RÉSOLUTION

La Chambre invite le Gouvernement à préparer d'urgence, dans chaque Région militaire, la création de Conseils économiques consultatifs régionaux.

RAPPORT PRÉSENTÉ

au nom de la **Commission d'Administration générale, départementale et communale,** *sur la proposition de résolution précédente,*

Par Jean HENNESSY

Député,

Le 29 Juillet 1915.

***

Messieurs,

Votre Commission d'administration générale s'est constamment préoccupée, depuis le début des hostilités, de la réforme administrative. Elle s'est déjà prononcée sur le principe de l'organisation régionale et envisage, dans la Région, la représentation des intérêts économiques. Elle sait qu'afin de rénover la France après la victoire, vous comptez sur elle pour soumettre à vos délibérations une proposition complète et elle ne décevra pas vos espérances.

Mais elle recherche aussi des procédés de réalisation immédiate ; son rôle dans la défense nationale lui apparaît clairement ; elle doit rechercher les moyens de continuer la mobilisation militaire par la mobilisation économique.

Si la partie la plus virile de la nation combat, l'autre, inemployée aux armées, est prête cependant, par son active patience, à contribuer au succès final.

Il nous appartient de lui rendre la tâche plus aisée par une bonne administration.

Par *administrer*, nous entendons simplifier tout ce qui est inutilement compliqué, économiser le temps en appliquant l'ordre et la méthode, mettre chaque chose à sa place et chacun dans l'emploi qui lui convient, faire que l'effort d'un seul produise dans l'intérêt de tous le résultat maximum et, considérant ce verbe dans son sens le plus large, nous estimons qu'administrer c'est *diriger et gouverner*.

Pour être administrée, il faut à toute société des organismes appropriés : le développement de la vie moderne, les facilités de la concentration, engendrées par la rapidité et la fréquence des moyens de transport, avaient déjà révolutionné les conditions des existences humaines, et la guerre, par ses répercussions sur la production, la transformation, les transports et les échanges, apporte dans le monde entier comme en France des perturbations nouvelles.

Pour contribuer à l'œuvre immense de réorganisation nationale, n'est-il pas opportun de donner à l'autorité gouvernementale, qui doit être très forte, le moyen de se renseigner sur toute chose, à tout moment, la possibilité d'étudier en quelques instants tout problème qui se pose sous son aspect local comme sous son aspect national ?...

Des Comités consultatifs, économiques, régionaux faciliteront ce résultat.

Voici comment nous concevons leur fonctionnement :

Ils correspondront directement avec le Président du Conseil ; c'est lui, en effet, qui doit coordonner tous les efforts. Il l'a si bien compris que, quand la paix européenne fut brisée, il confia, pour demeurer plus libre de son temps et de son action, le portefeuille des Affaires étrangères, qu'il détenait, à un autre Ministre. Il marquait par là qu'il envisageait la grandeur de son rôle : pour donner au développement économique toute son amplitude, animer les Ministres, ses collaborateurs, les éclairer, il doit être le premier à connaître le détail des choses — relié aux « postes d'écoute » dispersés dans le pays, où veilleront des hommes compétents.

A l'heure présente, quand des questions leur sont posées, les préfets en sont réduits à se renseigner presque au hasard ; ils n'entendent souvent qu'un son.

Dans un même conseil, au contraire, les délégués des producteurs, transformateurs, vendeurs, transporteurs et consommateurs, groupés avec ceux des autorités civiles et militaires, engageraient des discussions d'autant plus fécondes qu'ils représenteraient des intérêts plus divers. Ces Conseils économiques, qui compteraient de 40 à 50 membres, vaudraient, en effet, par le recrutement. Pour faire à chacun sa place, il convient de les composer comme suit :

1° Préfets (ou leurs représentants) des départements de la Région ;

2° Représentants désignés par les Chambres de commerce et les Chambres d'art et de manufactures siégeant dans la Région ;

3° Représentants désignés par les bureaux des syndicats agricoles ayant leur siège dans la Région ;

4° Représentants désignés par les bureaux des syndicats commerciaux ayant leur siège dans la Région ;

5° Représentants désignés par les bureaux des syndicats industriels, patronaux et ouvriers, ayant leur siège dans la Région ;

6° Représentants des Conseils généraux ou des Commissions départementales des départements de la Région ;

7° Représentants des Compagnies de transport de la région (grandes Compagnies de chemins de fer, chemins de fer départementaux, Sociétés de transport fluvial et maritime) ;

8° Représentants du général commandant la Région et de l'intendance régionale.

Quant à la Région, il en est une qui s'impose ; notre choix est provisoirement commandé par l'état de guerre, les autorités militaires peuvent, pour les besoins de la défense nationale, intervenir à tout moment, exercer des réquisitions, interrompre ou modifier tous les transports : elles disposent dans les dépôts des hommes qui temporairement peuvent être employés aux travaux agricoles, et faciliter la culture communale de nos terres. Enfin l'état de siège proclamé peut devenir effectif.

D'ailleurs, sauf les environs des gouvernements militaires de Paris et de Lyon, la région du XXIe corps d'armée, qui comprend deux subdivisions distinctes, Langres et Épinal, et la Corse comprise dans la XVe région, les Régions militaires se prêtent toutes au but que nous nous proposons et renferment chacune une ville importante où, chaque semaine, les Conseils devront se réunir sous la présidence d'un des préfets de la Région nommé par le Gouvernement.

Ces Conseils ne se borneront d'ailleurs pas à éclairer le Président du Conseil ; ils auront un rôle régional extrêmement important : ils renseigneront sur place les autorités militaires et civiles, émettront des avis inspirés par les conditions du lieu, aideront à résoudre toutes les difficultés locales, donneront à la vie provinciale une activité nouvelle et, contribuant à la régénération économique de chaque Région, à la production, aux échanges intérieurs et extérieurs, assoiront la puissance financière et le crédit de la nation sur des bases plus solides.

Votre Commission a, en conséquence, l'honneur de vous proposer d'ordonner la discussion immédiate et d'adopter la proposition de résolution dont la teneur suit :

PROPOSITION DE RÉSOLUTION

La Chambre invite le Gouvernement à proposer d'urgence, dans chaque Région militaire et pour la durée de la guerre, la création de Conseils consultatifs économiques régionaux.

UNE ENQUÊTE

Au nom de la *Ligue de Représentation professionnelle et d'Action régionaliste*, M. Jean Hennessy a adressé à un certain nombre de personnalités politiques, financières, littéraires et autres, la lettre et le questionnaire suivants :

MONSIEUR,

« Tout en continuant à faire tous nos efforts pour obtenir sur nos ennemis la victoire décisive, ne devons-nous pas songer au lendemain ?

« N'est-il pas, dès aujourd'hui, opportun d'étudier comment asseoir notre pays sur des bases nouvelles, et, instruits par les rudes leçons de réalisme données par la guerre, ne devons-nous pas adapter, avant la fin des hostilités, notre système administratif et représentatif aux conditions économiques de notre temps ?

« La *Ligue de Représentation professionnelle et d'Action régionaliste* en est persuadée.

« Son Président a déposé le 26 avril, une proposition de loi tendant à « la *décentralisation administrative* et à la « *représentation des intérêts économiques* par la suppres- « sion des départements, la constitution de régions et l'élec- « tion d'assemblées régionales. »

« La proposition de loi Jean Hennessy est le résultat des études de la Ligue ; ses principes furent, durant le cours des années 1912 et 1913, unanimement approuvés en de nombreuses réunions publiques.

« Vous la trouverez ci-incluse.

« Nous voudrions que, loin de la traiter comme une brochure ordinaire, vous la lisiez attentivement et que vous réfléchissiez aux nombreuses et heureuses conséquences qui résulteraient de son adoption.

« Nous tenons beaucoup à votre avis ; nous vous demandons instamment de nous le faire connaître, soit en nous retournant la carte ci-incluse, soit, ce qui nous satisferait mieux encore, en nous faisant part dans une lettre plus longue de vos réflexions.

« Enfin, pour nous aider à propager nos idées, nous voudrions que vous nous indiquiez le nom et l'adresse de ceux de vos amis qui seraient susceptibles d'y prendre un intérêt égal au vôtre.

« Nous leur enverrons aussitôt le texte de la proposition de loi.

QUESTIONS POSÉES

1° *Convient-il de créer des Circonscriptions administratives nouvelles plus étendues que les départements, afin de satisfaire aux besoins économiques nouveaux ?*

2° *Convient-il de constituer des Assemblées régionales et d'organiser le Suffrage universel de telle façon que ces assemblées soient composées par les représentants des grandes catégories professionnelles et renferment des hommes compétents dans toutes branches de l'activité sociale ?*

Un très grand nombre de réponses affirmatives sont parvenues au siège de la Ligue.

PROPOSITION DE LOI

tendant à la création de **Conseils économiques régionaux.**

PRÉSENTÉE

PAR JEAN HENNESSY

Député,

Le 29 Février 1916.

EXPOSÉ DES MOTIFS

MESSIEURS [1],

Quand la paix succédera aux combats actuels, la France, appauvrie par ses morts, obérée par les lourds engagements financiers contractés vis-à-vis des siens comme des étrangers, préoccupée de la glorieuse obligation de soutenir ses mutilés, devra, pour conserver son rang parmi les nations, continuer sous une forme nouvelle le gigantesque effort qu'elle aura fourni durant la guerre.

Les Français auront alors à rompre avec des habitudes qui ont déjà trop longtemps survécu, et à rapidement moderniser la vie sociale et économique de leur pays.

[1] Le 29 février 1916, M. Jean Hennessy, constatant que les hostilités se prolongeaient, et que ni le Gouvernement ni la Chambre n'étaient disposés à étudier une grande réforme tant qu'elles n'auraient pas pris fin, déposa avec demande de discussion immédiate, une nouvelle proposition de loi visant seulement l'organisation économique de la Région.

S'il en était autrement, si chaque citoyen, dans ses occupations quotidiennes, dans sa profession, dans sa commune, dans son département, méconnaissait les intérêts généraux dont la prospérité de tous, comme la sienne, dépend, si les conceptions administratives surannées qui ont ossifié notre État n'étaient pas abandonnées, notre pays demeurerait un squelette sans chair; le retour à la vie intense, indispensable dans la civilisation moderne, possible s'il est logiquement organisé, ne se produirait pas, et la France souffrirait davantage des suites de la guerre que de la guerre elle-même.

Je n'ai, pour ma part, cessé d'affirmer, pendant, comme avant le conflit européen, que pour s'adapter aux conditions économiques modernes, il appartenait à la société d'organiser la mise en valeur de notre sol et de notre sous-sol, mais que cette tâche trop lourde pour les particuliers, les communes et les départements, était aussi trop complexe pour l'État seul, et que pour réussir, il fallait recourir à des Assemblées régionales, composées des représentants élus de tous ceux dont le travail engendre la production régionale.

J'ai pris notamment l'initiative, en déposant une proposition de résolution le 22 juillet 1915, d'inviter le Gouvernement à créer d'urgence, dans chaque région militaire, des conseils consultatifs économiques régionaux.

Adoptée immédiatement par la Commission d'administration générale, cette proposition fut, à la Chambre, écartée, lors de la discussion sur la nécessité de son urgence, par M. Viviani président du Conseil.

Mais, quelques semaines après, le projet fut repris par le même Gouvernement. Le 25 octobre 1915, parut un décret « relatif à la création et au fonctionnement de comités consultatifs économiques » dans les régions militaires.

L'exposé des motifs affirmait, en des termes analogues à ceux du rapporteur de la Commission, la double nécessité d'envisager les questions économiques sous l'aspect régional et de faire participer les professionnels à la discussion de ces questions.

Il était ainsi donné satisfaction à l'auteur de la proposition de résolution et à la Commission d'administration générale.

Mais là, Messieurs, ne doivent pas se limiter les ambitions de ceux qui veulent, par une organisation rationnelle, amplifier notre essor économique. — Ni la région militaire, ni la nomination des membres des conseils régionaux, ne peuvent convenir après la cessation des hostilités.

Il faut, dès maintenant, en vue de cette époque, envisager la création de Conseils mieux adaptés à la formation territoriale des régions économiques, dont l'existence s'est déjà révélée autour des capitales régionales, centre d'attraction et d'expansion, et aux conceptions de représentation démocratique et républicaine qui sont les nôtres.

En mai 1915, j'avais déposé sur le bureau de la Chambre une proposition de loi tendant à la décentralisation administrative et à la représentation des intérêts économiques par la suppression des départements, la constitution de régions, et l'élection d'Assemblées régionales.

Il fut, un moment, permis d'espérer que, pendant les hostilités, la Chambre aurait pu étudier, d'accord avec le Gouvernement, cette réforme ; mais le Gouvernement préoccupé, à juste titre, par les grands soucis de la Défense nationale, et les Chambres forcément distraites de l'avenir par les besoins impérieux du moment, semblent impuissantes à consacrer le temps nécessaire à la grande discussion que cette réforme suscitera.

D'autre part, des esprits très pondérés objectent qu'une réforme aussi radicale, la seule qui puisse être efficace, pourrait, faite prématurément et hâtivement, porter atteinte à l'unité politique du pays ; les uns allèguent que la France se trouvera composée, après la guerre, de régions ayant inégalement souffert et qu'il sera dès lors nécessaire au pouvoir central d'exercer une forte action pour maintenir entre elles une étroite cohésion tout en leur soudant les provinces reconquises et les territoires annexés, qu'en conséquence, consacrer à l'avance, par une loi, l'autonomie régionale, avant de connaître l'état d'esprit dont nos populations seront animées, lorsque les armes seront déposées, présente certains risques ; d'autres estiment qu'une large discussion doit être ouverte devant le pays lui-même et que l'opinion publique devra être appelée à se prononcer sur les modalités qui lui paraîtraient le plus conformes à ses intérêts.

Tout en demeurant convaincu que l'unité nationale sera mieux assurée par l'autonomie régionale, sagement réglée, égale pour tous, que par une centralisation excessive, déprimante et inefficace, et que l'opinion publique éclairée par les faits de la guerre se prononcera en sa faveur dès qu'elle pourra se manifester librement, je comprends ces arguments et ces craintes, mais la proposition de loi que j'ai l'honneur de vous soumettre aujourd'hui, ne peut en soulever aucune ; elle sera, j'en ai la certitude, unanimement approuvée. Tous les Français nous sauront gré de voter, sans attendre, la transformation de nos institutions politiques, afin que puisse entrer en action dès la fin des hostilités, la grande organisation économique qui s'impose.

Là-dessus, tout le monde est d'accord : il n'y a plus un ouvrier ou un patron, il n'y a plus un commerçant, un industriel ou un agriculteur, il n'y a plus un homme politique ou un journaliste, il n'y a plus un fonctionnaire qui ne comprenne en France, maintenant, l'importance des questions économiques, ne les discute et ne fasse effort pour découvrir comment elles pourraient être résolues au mieux de l'intérêt général.

Sans doute, ils envisagent différemment la solution du problème ; les uns, influencés par l'atavisme, veulent le trouver dans de vastes organisations nationales, leviers impuissants à tout soulever et dont l'effet ne pourra réellement se faire sentir que lorsque l'activité régionale aura brisé la force d'inertie ; d'autres, d'un esprit plus étroit, qui comprennent mal encore la concentration des intérêts résultant de la facilité et de l'intensité des transports, veulent se borner à fortifier les organismes locaux, attendant tout progrès du développement de leurs prérogatives.

Seuls, ceux qui ont réalisé que la concentration des intérêts économiques régionaux était un fait, peuvent apporter la vraie solution : si à la faveur de cette idée générale l'on examine les questions économiques, si l'on cherche à s'expliquer, après les avoir approfondies, pourquoi notre production ne répond pas à l'immense effort de nos travailleurs, tout s'éclaire, tout s'illumine.

Chaque jour le nombre des derniers s'accroît : le mot de régionalisme est enfin entré triomphalement dans la langue; celui de région a forcé son passage, jusque dans les bureaux des fonctionnaires de l'État, voire même de ceux des départements, et brille d'un jeune éclat dans les circulaires ministérielles.

Dès lors, puisque la vie économique régionale s'est ainsi affirmée, pourquoi attendre? Pourquoi ne pas donner à des intérêts qui se cherchent, la possibilité de se rencontrer, ne pas instituer immédiatement des Assemblées répondant à leur extension territoriale, où leurs représentants pourraient se concerter entre eux?

La proposition de loi que je soumets à votre discussion s'inspire de ces réflexions.

Loin de mettre en doute le rôle considérable pris, durant les dernières années, par les Chambres de commerce, les Chambres des arts et métiers, les Associations et les Unions syndicales, loin de ne pas rendre justice à l'esprit d'initiative dont leurs membres ont été animés et les utiles services rendus par eux, je propose la création de conseils économiques régionaux pour compléter et coordonner leurs multiples efforts.

Depuis que les Chambres de commerce ont été créées, depuis plus de cent ans, que de modifications profondes ! Leur mode de recrutement, trop limité, les rend aujourd'hui impropres à connaître tous les intérêts économiques de leurs circonscriptions, si réduites soient-elles; ceux-ci, au grand dommage de tous, sont alors obligatoirement confondus avec les intérêts généraux et politiques du pays.

Par qui sont représentés les intérêts agricoles? L'agriculture est devenue cependant une véritable industrie :

l'agriculture commerce; c'est un savant, un chimiste, et un physicien qui livre son travail au creuset sans cesse modifié de la terre et à la variation des saisons : il est en concurrence directe avec les autres agriculteurs français, comme avec ceux du monde entier : tout à la fois industriel et commerçant, la place de ses représentants est à côté de celle des représentants, des industriels et des commerçants, comme l'est aussi celle des représentants des membres des professions libérales : savants, professeurs, médecins, vétérinaires, notaires, avocats et avoués, intéressés comme les autres à la prospérité des affaires régionales. C'est pourquoi j'ai prévu dans les Conseils économiques régionaux des représentants de tous ceux dont le travail contribue à l'activité régionale.

Mais une assemblée ayant à étudier des questions plus vastes que celles dont se saisissent les Chambres de commerce, parce qu'elles rayonnent sur des circonscriptions plus étendues, doit puiser sa force dans un corps électoral plus nombreux. Les Chambres de commerce n'ont qu'un nombre restreint d'électeurs : ceux-ci, le résultat du scrutin étant presque connu d'avance, se désintéressent trop souvent de l'élection elle-même; aussi les grands courants de transformation économique sentie et voulue par la masse populaire, ne les traversent pas et ne soutiennent pas leur action.

Il a donc été prévu que tous les électeurs inscrits sur les listes municipales seraient, s'ils exercent une profession ou étaient propriétaires d'une exploitation agricole, appelés à voter.

Les femmes patentées ou propriétaires d'exploitations agricoles, également.

Ultérieurement, quand la proportion entre les deux sexes, modifiée par la mortalité masculine durant la guerre aura repris un meilleur équilibre, l'accession d'un plus grand nombre de femmes à l'électorat pourra être envisagé.

Les électeurs sont divisés en quatre catégories :

Agriculteurs.

Commerçants.

Industriels.

Professions libérales.

Les sièges des conseils économiques régionaux, basés sur le chiffre de la population active, sont divisés entre les catégories de telle manière que chaque catégorie puisse être représentée et que, de plus, chacune d'entre elles le soit proportionnellement au nombre de ses membres.

Sous certaines conditions, les sièges revenant à une catégorie peuvent être subdivisés entre des sous-catégories : les électeurs votent alors dans leur sous-catégorie, et choisissent leur représentant parmi eux. Enfin, dans le cas où deux ou plusieurs sièges sont attribués à une sous-catégorie, la moitié des sièges peut être divisée entre représentants des salariants et représentants des salariés, le mode d'élection ne variant d'ailleurs pas.

Ainsi, la représentation aux Assemblées régionales sera assez nuancée : elle tient compte, en ce qui concerne la représentation ouvrière, des légitimes revendications que, depuis longtemps, on désire contenter, sans trouver un moyen pratique.

Les régions devront être déterminées, leur siège fixé par la loi elle-même ; alors que pour tracer des cadres administratifs nouveaux, une vaste consultation nationale s'impose, il a paru inutile, pour tracer les limites des régions économiques, de s'exposer aux lenteurs forcées de cette consultation.

En dressant un tableau des Régions, je me suis borné à reproduire celles proposées par l'éminent géographe qu'est M. Vidal de La Blache, tout en y apportant de légères modifications, en vue de ne pas fractionner trop de départements. Les sièges des Conseils économiques régionaux sont tous ceux indiqués par lui comme centres régionaux.

Deux départements seuls ont été divisés : celui de l'Aisne, entre la région de Lille et celle de Paris, celui de l'Isère entre la région de Lyon et celle de Grenoble.

La division proposée ne s'applique qu'au territoire français tel qu'il était avant la guerre.

Une difficulté se présentait relativement au rapport des conseils économiques régionaux avec le pouvoir central. Afin de conserver l'unité de direction et celle-ci, pour permettre à l'organisation régionale de produire ses pleins effets, doit exister, il parait difficile de les laisser correspondre directement avec tous les Ministres intéressés aux questions économiques ; un seul d'entre eux doit centraliser la correspondance et la distribuer ensuite comme il convient. J'ai estimé que le plus qualifié d'entre eux était le ministre de l'Intérieur.

Depuis le milieu du siècle dernier, en effet, l'action économique a peu à peu échappé au ministre de l'Intérieur : les services agricoles, ceux des Travaux publics, du Commerce, du Travail et de la Prévoyance sociale, autrefois administrés par lui, ont, successivement, en s'accroissant, déterminé la création de Ministères. Il en est résulté une divergence d'efforts nuisibles à la prompte exécution des affaires.

Ces Ministères doivent être reliés entre eux ; à défaut d'un Ministère « économique » divisé en plusieurs directions ou Sous-Secrétariats d'État le titulaire du Ministère de l'Intérieur est seul qualifié pour jouer ce rôle important de coordinateur.

Pour alimenter le budget des conseils économiques régionaux, l'État devra leur abandonner une part des revenus des contributions directes : ces impôts directs sont, par essence, des impôts régionaux, l'État, s'il se prive ainsi d'une partie de son revenu, y trouvera finalement son bénéfice : d'une part, en effet, il n'aura pas à entreprendre les œuvres et travaux aux dépenses desquels ces conseils pourvoiront ; de l'autre, les conseils économiques régionaux ayant le droit d'accroître leurs ressources par des dons et des legs, des participations des particuliers, des communes et des départements, des emprunts spéciaux, la part de l'État constituera une amorce que viendront grossir des capitaux qu'il n'aurait pas encaissés.

Les pouvoirs des Conseils économiques régionaux se

ront, dans l'étendue de leur circonscription, sensiblement égaux à ceux des chambres de commerce ; études de toutes les questions économiques intéressant la Région, droit de donner leur avis sur celles d'un intérêt plus général, droit de fonder sous certaines réserves des établissements d'enseignement professionnel et de créer des services publics, de les administrer, de percevoir les droits et péages autorisés par la loi.

Enfin, ils auront la possibilité de correspondre entre eux et de se concerter pour créer des œuvres communes.

Ils seront, on le voit, des organismes logiquement formés, assez puissants pour développer l'activité régionale et partant, contribuer à l'enrichissement de la nation tout entière, lui permettant de réparer son passé et de préparer son avenir.

A notre époque de concurrence mondiale, il importe en effet d'augmenter les rendements et d'abaisser les prix de revient, non par une réduction des salaires, mais par l'accroissement des moyens de transport, par l'éducation professionnelle des ouvriers, des contremaîtres, des directeurs, par la coopération des savants et des travailleurs, par l'emploi des moyens mécaniques et par l'utilisation de tous les produits et sous-produits actuellement gaspillés ou perdus, enfin par des facilités de crédit et des organisations mondiales qui rendent aisées au dehors les transactions de la Région.

Telle est l'œuvre qui, immense, méthodique, indispensable, s'offre aux Conseils économiques régionaux.

De nombreux articles de peu d'importance, calqués sur les lois en usage, ont été insérés dans cette proposition de loi, pour la rendre applicable ; il semble inutile de les discuter ici.

L'auteur a estimé préférable de se borner à mettre en lumière les idées essentielles qui caractérisent la proposition de loi qu'il a l'honneur de soumettre à vos délibérations, avec demande de discussion immédiate, motivée par la nécessité d'être prêt dès que les *hostilités prendront* fin.

PROPOSITION DE LOI

TITRE PREMIER

Dispositions générales.

ARTICLE PREMIER.

Il est créé sur le territoire européen de la République française 18 Conseils économiques régionaux.

Le tableau ci-dessous fixe, pour chacun d'entre eux, l'étendue de leur circonscription et la ville où ils doivent siéger.

Ils sont des établissements publics.

RÉGIONS	COMPOSITION DES RÉGIONS		SIÈGE du Conseil économique régional.
	Départements.	Arrondissements.	
1re.....	Nord. Pas-de-Calais. Somme.	Saint-Quentin. Vervins.	Lille.
2e.....	Seine-Inférieure. Eure. Eure-et-Loir. Orne. Manche. Calvados.		Rouen.
3e.....	Ille-et-Vilaine. Côtes-du-Nord. Finistère. Morbihan.		Rennes.

RÉGIONS	COMPOSITION DES RÉGIONS		SIÈGE du Conseil économique régional.
	Départements.	Arrondissements.	
4e. . . .	Oise. Seine-et-Oise. Seine-et-Marne. Marne. Seine. Loiret. Yonne. Aube. Haute-Marne.	Laon. Soissons. Château-Thierry.	Paris.
5e. . . .	Ardennes. Meuse. Mourthe-et-Moselle. Vosges.		Nancy.
6e. . . .	Loire-Inférieure. Mayenne. Sarthe. Maine-et-Loire. Indre-et-Loire.		Nantes.
7e. . . .	Vendée. Deux-Sèvres. Vienne. Charente-Inférieure. Charente.		La Rochelle.
8e. . . .	Loir-et-Cher. Cher. Indre. Nièvre.		Bourges.
9e. . . .	Côte-d'Or. Saône-et-Loire. Jura. Haute-Saône. Doubs. Territoire de Belfort.		Dijon.
10e. . . .	Gironde. Dordogne. Lot-et-Garonne. Landes. Basses-Pyrénées.		Bordeaux.

RÉGIONS	COMPOSITION DES RÉGIONS		SIÈGE du Conseil économique régional.
	Départements.	Arrondissements.	
11e	Creuse. Haute-Vienne. Corrèze.		Limoges.
12e	Allier. Puy-de-Dôme. Cantal. Lozère.		Clermont-Ferrand.
13e	Loire. Rhône. Ain. Haute-Loire. Ardèche. Drôme.	Vienne. La Tour-du-Pin.	Lyon.
14e	Savoie. Haute-Savoie. Hautes-Alpes.	Grenoble. Saint-Marcellin.	Grenoble.
15e	Lot. Aveyron. Tarn. Tarn-et-Garonne. Gers. Haute-Garonne. Hautes-Pyrénées. Ariège.		Toulouse.
16e	Gard. Hérault. Aude. Pyrénées-Orientales.		Montpellier.
17e	Vaucluse. Basses-Alpes. Bouches-du-Rhône. Var. Alpes-Maritimes.		Marseille.
18e	Corse.		Ajaccio.

TITRE II

Formation des Conseils économiques régionaux.

Art. 2.

Le nombre des membres de chaque Conseil économique régional est calculé d'après le nombre des habitants de nationalité française, résidant dans leur circonscription, à raison d'un représentant par 30.000 habitants ou portion supérieure à 15.000 habitants.

Il a été arrêté par décret :

Toutes les fois qu'un nouveau recensement aura lieu, le nombre des sièges sera fixé à nouveau par décret, mais n'aura d'effet que pour le prochain renouvellement.

Le nombre des sièges de chaque Conseil économique régional ne peut être inférieur à 60.

Art. 3.

Les élections se font au scrutin de liste dans l'étendue de la circonscription, par catégories et, s'il y a lieu, par subdivisions de catégories.

Le nombre des catégories est de 4.

Ce sont les suivantes :

1° Agricole ;

2° Commerciale ;

3° Industrielle ;

4° Professions libérales.

Un règlement d'administration publique déterminera celle des catégories où les électeurs seront inscrits selon la profession qu'ils exercent.

Art. 4.

Doivent être inscrits sur les listes électorales de chaque catégorie et, s'il y a lieu, de chaque subdivision de catégorie, tous les électeurs figurant sur les listes dressées pour les élections municipales, qui exercent une profession ou sont propriétaires d'exploitations agricoles, et, en outre, toutes les femmes résidant dans la commune qui payent patente, dirigent ou possèdent une exploitation agricole.

Nul ne peut être inscrit dans deux catégories ou subdivisions de catégories : dans le cas où un électeur exerce plusieurs professions, il doit être inscrit dans la catégorie comprenant sa principale profession.

Art. 5.

Les listes électorales sont dressées dans chaque commune par catégories et, s'il y a lieu, conformément à l'article 9 du titre II, par subdivisions de catégories, par la Commission administrative à laquelle il est adjoint un représentant de chaque catégorie, désigné à la majorité relative par le Conseil municipal.

Les procédures d'appel et de pourvoi sont suivies, conformément aux dispositions qui régissent la formation des listes municipales.

Art. 6.

Pour être éligible par les électeurs d'une liste il faut être Français, être âgé d'au moins vingt-cinq ans, jouir de ses droits civils et politiques et être inscrit sur la liste dont on brigue les suffrages.

Les femmes ne sont pas éligibles.

Art. 7.

Ne peuvent être élus comme membres des Conseils économiques régionaux :

1° Les citoyens qui sont pourvus d'un conseil judiciaire ;

2° Les citoyens à l'égard desquels a été rendu un jugement de liquidation judiciaire ;

3° Les citoyens n'ayant pas satisfait à la loi de recrutement.

Art. 8.

Le nombre des sièges revenant à chaque catégorie est déterminé d'après les règles suivantes :

1° Le tiers du nombre des sièges à pourvoir, augmenté au besoin du nombre des sièges nécessaires pour le rendre divisible par 4, est réparti également entre les 4 catégories ;

2° Le surplus des sièges est réparti entre les catégories proportionnellement au nombre des électeurs inscrits dans chacune d'entre elles.

A cet effet, le nombre total des électeurs est divisé par le nombre de sièges restant à pourvoir, et le nombre des électeurs de chaque catégorie, par le quotient ainsi obtenu.

Les sièges restant sont attribués aux listes ayant les plus forts restes.

Art. 9.

Les sièges revenant à chaque catégorie pourront être répartis entre des groupes d'industrie, de professions commerciales, agricoles ou libérales, en tenant compte de leur importance.

Ceux revenant à une subdivision de catégorie, s'ils sont égaux ou supérieurs à 2, pourront être répartis entre des représentants des patrons et des représentants des ouvriers, le mode de votation ne variant pas.

La répartition se fera trois mois au moins avant la date fixée pour les élections, sur demande écrite des syndicats ou associations intéressés, adressée au préfet de la ville où siège le Conseil économique régional.

Elle sera proposée au ministre de l'Intérieur par une commission composée :

1° Du préfet de la ville où siège le Conseil économique régional ;

2° Des présidents des tribunaux de commerce compris dans la circonscription du Conseil économique régional ;

3° D'un membre délégué par le Conseil général des départements compris dans la circonscription du Conseil économique régional ;

4° De 6 membres délégués du Conseil économique régional et, pour la première fois, de 6 électeurs, délégués par le Ministre de l'Intérieur, parmi les présidents des syndicats ou de chambres de commerce ayant leur siège dans la circonscription du Conseil économique régional.

Après avis des ministres intéressés, la répartition sera faite par décret rendu sous la forme des règlements d'administration publique.

Art. 10.

L'élection a lieu au scrutin de liste simple ; les collèges électoraux sont convoqués par le pouvoir exécutif.

Il doit y avoir un intervalle de quinze jours francs au moins entre la date du décret de convocation et le jour de l'élection qui sera toujours un dimanche. Le scrutin est ouvert à 7 heures et clos à 18 heures.

Les suffrages sont reçus dans des urnes séparées correspondant à chacune des catégories ou subdivisions de catégorie.

Le dépouillement a lieu immédiatement.

Les résultats de chaque commune sont centralisés le soir même des élections à la sous-préfecture de chaque arrondissement.

Les sous-préfets envoient immédiatement les résultats à la préfecture, siège du Conseil économique régional.

Le préfet les transmet à la commission chargée de recenser les votes et de proclamer les résultats.

Art. 11.

La commission de recensement des votes est composée :
1° Du président du tribunal civil du chef-lieu du département où siège le Conseil économique régional, président, lequel, en cas d'empêchement, est remplacé par un vice-président du tribunal ou un juge, par ordre d'ancienneté ;

2° De deux conseillers généraux désignés par le Ministre de l'Intérieur.

Les fonctions de secrétaire seront remplies par le greffier du conseil de préfecture ou, à défaut, par un commis greffier.

La commission siège en séance publique, dans une des salles de la préfecture, le jeudi qui suivra l'élection.

Aussitôt le recensement terminé, le président proclamera les résultats qui seront affichés à la porte de toutes les préfectures et sous-préfectures de la circonscription régionale.

Art. 12.

Dans chaque catégorie et subdivision de catégorie, les candidats ayant obtenu le plus grand nombre de voix seront successivement élus jusqu'à concurrence du nombre de sièges à pourvoir.

L'élection a lieu, au premier tour de scrutin, à la majorité absolue.

Si plusieurs candidats obtiennent un nombre égal de suffrages, l'élection est acquise au plus âgé.

S'il est nécessaire de procéder à un second tour de scrutin, il est fixé au deuxième dimanche qui suit le premier tour.

L'élection a lieu alors à la majorité relative ; le recensement des voix et la proclamation des résultats sont faits conformément aux dispositions prévues pour le premier tour.

Art. 13.

Seront proclamés suppléants dans chaque catégorie et subdivision de catégorie, jusqu'à concurrence d'un nombre égal à la moitié des sièges pourvus et dans l'ordre des voix obtenues, ceux des candidats qui, après les élus, auront recueilli le plus grand nombre de suffrages.

Art. 14.

Pendant la durée des pouvoirs des Conseils économiques régionaux, il est immédiatement pourvu aux vacances qui viendraient à se produire, par l'accession des suppléants aux sièges devenus vacants ; cette accession a lieu dans l'ordre de la proclamation des résultats du scrutin.

Dans le cas où un siège de Conseil économique régional deviendrait vacant, après épuisement de la liste des suppléants il sera, dans le délai d'un mois à dater de la vacance, procédé à de nouvelles élections.

Les électeurs de la catégorie du siège à pourvoir seront appelés à nommer :

1° Un membre du Conseil économique régional ;

2° Autant de suppléants que lors de l'élection précédente.

Art. 15.

Tout électeur de la circonscription régionale aura le droit d'arguer de nullité les résultats du scrutin.

Il devra déposer sa proclamation dans les huit jours qui suivront la proclamation des résultats du scrutin, soit au secrétariat de la section du contentieux du Conseil d'État, soit au secrétariat de la préfecture où siège le Conseil économique régional.

Il en sera donné récépissé. La réclamation sera notifiée à la partie intéressée, à peine de nullité, dans un délai de quinzaine à dater du jour où elle aura été faite.

Le préfet transmettra au Conseil d'État les réclamations déposées au secrétariat, dans les dix jours qui suivront leur réception.

Le préfet aura, pour réclamer contre les élections, un délai de vingt jours à partir de la proclamation des résultats du scrutin. Il enverra sa réclamation au Conseil d'État. Elle ne pourra être fondée que sur l'inobservation des conditions et formalités prévues par la loi.

Art. 16.

Les réclamations seront examinées au Conseil d'État, suivant les formes adoptées pour le jugement des affaires contentieuses. Elles seront jugées sans frais, dispensées du timbre et du ministère des avocats au Conseil d'État, dans le délai de trois mois à partir de l'arrivée des pièces au secrétariat du Conseil d'État.

Lorsqu'il y aura lieu à renvoi devant les tribunaux, le délai de trois mois ne courra que le jour où la décision judiciaire sera devenue définitive.

Le débat ne pourra porter que sur les griefs relevés dans les réclamations, à l'exception des moyens d'ordre public qui pourront être produits en tout état de cause.

Lorsque la réclamation est fondée sur l'incapacité légale de l'élu, le Conseil d'État sursoit à statuer jusqu'à ce que la question préjudicielle ait été jugée par les tribunaux compétents et fixe un bref délai dans lequel la partie qui aura élevé la question préjudicielle doit justifier de ses diligences. Les questions préjudicielles seront jugées sommairement par les tribunaux et conformément au paragraphe 4 de l'article 33 de la loi du 19 avril 1831.

Art. 17.

Pourra être déclaré démissionnaire par le Conseil économique régional, seul et par délibération prise à la majorité des suffrages des membres en exercice, tout membre qui se refuserait systématiquement à remplir une des fonctions qui lui sont dévolues.

Tout membre du Conseil économique régional qui veut donner sa démission doit l'adresser au président du Comité, qui en donne avis au préfet.

Art. 18.

Les membres du Conseil économique régional seront élus pour quatre ans.

Art. 19.

Pendant les sessions du Sénat et de la Chambre des députés, la dissolution d'un Conseil économique régional ne peut être prononcée par le Président de la République que sous l'obligation expresse d'en rendre compte aux Chambres dans le plus bref délai possible. En ce cas, une loi fixe la date de la nouvelle élection.

Dans l'intervalle des sessions des Chambres, le Président de la République peut prononcer la dissolution d'une Assemblée régionale pour des causes spéciales à cette assemblée. Le décret de dissolution doit être motivé.

Il ne peut jamais être rendu par voie de mesure générale. Il convoque en même temps les électeurs de la circonscription régionale, pour le quatrième dimanche qui suivra sa date. Le nouveau Conseil économique régional se réunit de plein droit le deuxième lundi après l'élection et nomme son bureau.

TITRE III

Fonctionnement des Conseils économiques régionaux.

Art. 20.

Les Conseils économiques régionaux se réunissent un mois après leur nomination, sur convocation du doyen d'âge.

Art. 21.

Chaque Conseil nomme son bureau, qui se compose d'un président, de quatre vice-présidents pris dans chacune des quatre catégories, d'un ou de plusieurs secrétaires. Les nominations sont faites à la majorité des suffrages. Le bureau est renouvelable chaque année.

En cas de décès ou démission d'un membre du bureau,

il est procédé, lors de la première réunion, à son remplacement.

Art. 22.

Le Conseil économique régional se réunit, dans la suite, sur convocation de son bureau, ou sur la demande des trois quarts de ses membres, toutes les fois qu'il est jugé nécessaire.

Art. 23.

Le Conseil économique régional établit son règlement intérieur.

Art. 24.

Le Conseil économique régional ne peut délibérer que si la moitié plus 1 des membres est présente.

Les délibérations sont prises à la majorité absolue des votants.

En cas de partage, la voix du président est prépondérante.

Art. 25.

Le Conseil économique régional peut constituer dans son sein des commissions et des sous-commissions, et appeler à y siéger, à titre consultatif, les représentants des Chambres de commerce, des arts et manufactures, des associations et syndicats et de tous groupements professionnels ayant leur siège dans l'étendue de la circonscription.

Leur bureau correspond directement avec tous ces groupements professionnels.

Il correspond également avec les ministres intéressés, par l'intermédiaire du ministre de l'Intérieur, et transmet chaque année à celui-ci un compte rendu de leurs travaux. Celui-ci les transmet aux ministres intéressés.

Art. 26.

Les membres du Conseil économique régional ont droit

à 25 francs d'indemnité par journée de présence effective,
prélevés sur le budget du Conseil.

TITRE IV
Attribution des Conseils économiques régionaux.

Art. 27.

Ces Conseils ont pour attribution :

1° L'étude de toutes les questions économiques intéressant la Région, notamment celles relatives à l'organisation du travail, du crédit, de l'enseignement professionnel, des transports, à l'exportation des produits de la Région et aux importations qui lui sont utiles ;

2° L'administration de toutes les écoles, caisses, organisations techniques et professionnelles de toute nature, travaux et services publics dont elles auront été déclarées concessionnaires ou qui leur auront été légués ou remis, après autorisation du ministre de l'Intérieur, sur avis des ministres intéressés soit, s'il y a lieu, eu égard à la nature des établissements par un décret ou une loi ;

3° Ils peuvent émettre des avis sur toutes les questions économiques intéressant leur région et sur celles d'un intérêt plus général et être consultés par les ministres intéressés, par l'intermédiaire du ministre de l'Intérieur.

Art. 28.

Les Conseils économiques régionaux peuvent publier le compte rendu de leurs séances.

Les préfets et présidents des Conseils généraux des départements compris dans l'étendue de leur circonscription peuvent assister aux séances des Conseils économiques régionaux et ils y ont voix consultative.

TITRE V

Du budget des Conseils économiques régionaux.

Art. 29.

Les ressources des Conseils économiques régionaux proviennent :

1° Du cinquième du produit du principal de l'impôt des contributions directes perçues dans les communes comprises dans l'étendue de leur circonscription, à eux abandonné par l'État;

2° Des recettes provenant de tout service ou établissement administré par eux.

3° Des péages ou des droits établis par des lois ou des décrets;

4° Des contributions volontaires émanant des particuliers, associations, communes ou départements ou de celles de l'État;

5° Des emprunts qu'ils peuvent être autorisés à contracter sous conditions;

6° Des legs qu'ils auront été autorisés à accepter par le ministre de l'Intérieur.

Art. 30.

Les Conseils établissent chaque année un budget ordinaire et des budgets spéciaux pour les services qu'ils administrent.

Dans les six premiers mois de chaque année, ils adressent le compte rendu des recettes et dépenses de l'année précédente et le projet de budget des recettes et dépenses de l'année suivante au ministre de l'Intérieur à qui il appartient de les approuver après avis des Ministères intéressés.

Ils peuvent constituer un fonds de réserve inférieur à la moitié de la totalité de leurs ressources annuelles.

TITRE VI

Des conférences entre Conseils économiques régionaux.

Art. 31.

Les Conseils économiques régionaux peuvent correspondre entre eux par l'intermédiaire de leurs bureaux et, sous réserve de l'autorisation ministérielle, se concerter en vue de créer, subventionner ou entretenir des établissements, services ou travaux d'intérêts communs.

Ils peuvent être autorisés à contracter à cet effet des emprunts collectifs dont la charge sera déterminée par les actes d'autorisation et dont le service sera assuré par l'excédent des recettes et, au besoin, par des péages et droits établis en vertu de lois et de décrets.

Ces questions d'intérêt commun sont débattues dans des conférences où chaque Conseil sera représenté par une commission spéciale nommée à cet effet. Le préfet du département où la conférence a lieu pourra toujours assister à ces conférences. Les décisions qui y seront prises ne seront exécutoires qu'après avoir été ratifiées par tous les Conseils intéressés et par le ministre de l'Intérieur, après avis des ministres intéressés.

Si des questions autres que des questions économiques étaient mises en discussion dans ces conférences, le préfet déclarerait la réunion dissoute.

Toute délibération prise après cette déclaration donnerait lieu à l'application des dispositions et pénalités énoncées à l'article 34 de la loi du 10 août 1871.

Art. 32.

Un règlement d'administration publique réglera les conditions d'application de la présente loi qui entrera en vigueur aussitôt après la cessation des hostilités.

TABLE DES MATIÈRES

DEUXIÈME PARTIE

Action parlementaire.

TROISIÈME PARTIE

La Presse.

APPENDICE

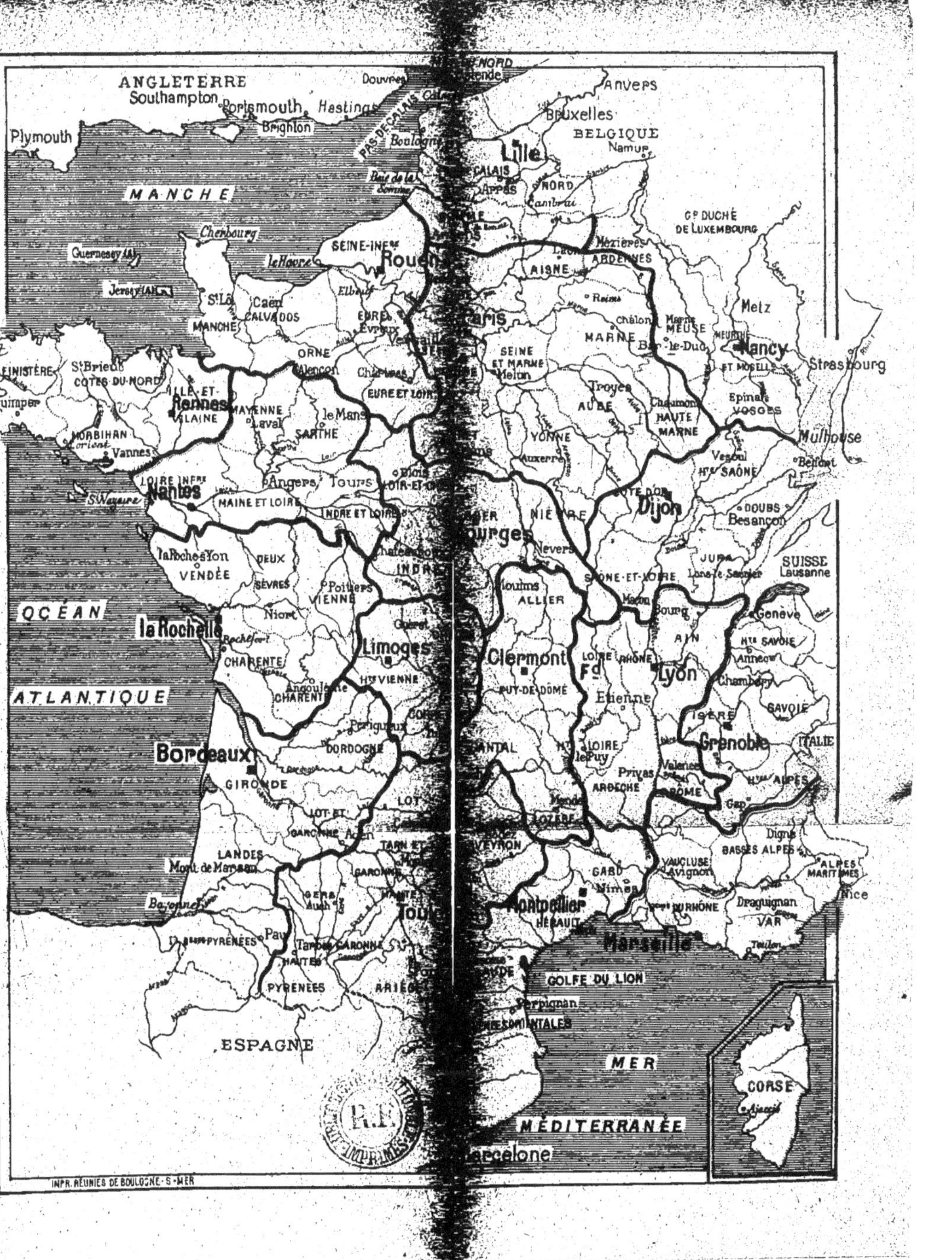

ANGLETERRE
Southampton
Portsmouth
Hastings
Douvres
Brighton
Plymouth
Boulogne
PAS-DE-CALAIS
CALAIS
NORD
Cambrai
Lille
BELGIQUE
Anvers
Bruxelles
Namur
Gd DUCHÉ DE LUXEMBOURG
MANCHE
Baie de la Somme
Cherbourg
le Havre
SEINE-INFre
Rouen
Laon
Mézières
ARDENNES
AISNE
Reims
Metz
Guernesey (A)
St Lô
Caen
CALVADOS
MANCHE
EURE
Évreux
Paris
Châlons
MARNE
MEUSE
Bar-le-Duc
MEURTHE
ET-MOSELLE
Nancy
Strasbourg
Jersey (A)
ORNE
Alençon
Chartres
SEINE ET MARNE
Melun
Troyes
AUBE
Chaumont
HAUTE MARNE
Épinal
VOSGES
FINISTÈRE
St Brieuc
CÔTES-DU-NORD
ILLE-ET-VILAINE
Rennes
MAYENNE
Laval
le Mans
SARTHE
EURE ET LOIR
YONNE
Auxerre
Vesoul
Hte SAÔNE
Mulhouse
Belfort
Quimper
MORBIHAN
Lorient
Vannes
St Nazaire
Nantes
LOIRE INFre
MAINE ET LOIRE
Angers
Tours
Blois
LOIR-ET-CHER
INDRE ET LOIRE
Bourges
NIÈVRE
Nevers
CÔTE-D'OR
Dijon
DOUBS
Besançon
JURA
Lons-le-Saunier
SUISSE
Lausanne
la Roche sur Yon
VENDÉE
DEUX SÈVRES
Poitiers
VIENNE
Niort
Châteauroux
INDRE
Moulins
ALLIER
SAÔNE-ET-LOIRE
Mâcon
Bourg
AIN
Genève
Hte SAVOIE
Annecy
OCÉAN
la Rochelle
Rochefort
CHARENTE
Limoges
Hte VIENNE
CREUSE
Guéret
Clermont Fd
PUY-DE-DÔME
LOIRE
St Étienne
RHÔNE
Lyon
ISÈRE
Chambéry
SAVOIE
ATLANTIQUE
Angoulême
CHARENTE
Périgueux
DORDOGNE
CANTAL
Hte LOIRE
le Puy
Privas
ARDÈCHE
Valence
DRÔME
Grenoble
Htes ALPES
Gap
ITALIE
Bordeaux
GIRONDE
LOT
Cahors
Rodez
AVEYRON
LOZÈRE
Mende
VAUCLUSE
Avignon
Digne
BASSES ALPES
ALPES MARITIMES
Nice
LOT-ET-GARONNE
Agen
TARN ET GARONNE
LANDES
Mont de Marsan
GARONNE
Montauban
GARD
Nîmes
Montpellier
HÉRAULT
BOUCHES DU RHÔNE
Marseille
Draguignan
VAR
Toulon
Bayonne
GERS
Auch
Toulouse
Pau
Bes PYRÉNÉES
Tarbes
HAUTES GARONNE
AUDE
Carcassonne
GOLFE DU LION
PYRÉNÉES
ARIÈGE
Perpignan
PYRÉNÉES ORIENTALES
MER
CORSE
Ajaccio
ESPAGNE
MÉDITERRANÉE
Barcelone
R.F.
IMPR. RÉUNIES DE BOULOGNE-S-MER

La carte suivante n'a été placée à la fin de cette brochure qu'à titre indicatif.

Elle représente la France divisée en départements et les divisions régionales récemment proposées par Mr. Vidal de La Blache.

Les centres de régions indiquées par lui sont :

LILLE	NANTES	TOULOUSE
ROUEN	LA ROCHELLE	MONPELLIER
RENNES	BORDEAUX	MARSEILLE
		GRENOBLE

LYON	BOURGES
DIJON	CLERMONT-FERRAND
NANCY	LIMOGES
PARIS	

4202. — Tours, imprimerie E. ARRAULT et Cⁱᵉ